Jinaika Jakuszeit

Kosmetikwerkstatt

Sanft pflegende Kosmetika aus der eigenen Küche

Kosmetikwerkstatt

Sanft pflegende Kosmetika aus der eigenen Küche

Inhalt

Liebe Leserin, lieber Leser,

für mich ist das Herstellen von Kosmetik eines der schönsten Hobbys der Welt und ich hoffe, es wird mir gelingen, Sie genauso zu begeistern, wie ich mich damals dafür begeistern ließ.

Mit selbstgemachter Kosmetik haben Sie die Möglichkeit, Rezepte genau auf die Bedürfnisse Ihrer Haut abzustimmen, da Sie die für sich perfekte Formulierung auswählen und später auch alleine erstellen können.

Entdecken Sie das breit gefächerte Spektrum der Wirkstoffe, die begeisterten Herstellern von selbstgerührten Kosmetika zur Verfügung stehen: Angefangen bei Aloe Vera und Avocadoöl, über Kakaobutter, Karnaubawachs, Rügener Heilkreide und Seidenpuder, bis hin zu Totes-Meer-Salz und Vitamin C: Es gibt unendlich viele Möglichkeiten, das ganz persönliche Kosmetikprodukt herzustellen.

Tauchen Sie ein in die Welt der Kosmetika und lassen Sie sich inspirieren. Viel Freude dabei!

Grundwissen

Körperpflegeprodukte selbst herstellen, ist ganz leicht, wenn man bestimmte Grundregeln berücksichtigt. Die Produkte bestehen in der Regel aus einer Wasser- und einer Fettphase, Tensiden (bei reinigender Pflege), Extrakten und anderen pflegenden Substanzen, Duftstoffen und evtl. Konservierungsmitteln. Die Herstellung selbst ist kein Hexenwerk. Eine Küche, ein paar in den meisten Haushalten vorhandene Geräte wie Handrührgerät und Pürierstab sowie einfache Hilfsmittel wie Bechergläser und Spatel sind für den Anfang völlig ausreichend. Dann einfach wiegen, rühren, köcheln, ein wenig experimentieren ... und schon haben Sie Ihre ganz persönliche Pflegeserie kreiert! Abgefüllt in schöne Tuben, Tiegel oder Flaschen, sind die Produkte schön anzusehen und machen sicher auch einer lieben Freundin oder Verwandten eine ganz besondere Freude.

Unsere Haut

Mit einer Fläche von 1,5 m² bis 2 m² ist die Haut das größte Organ unseres Körpers. Sie ist das unmittelbare Sinnesorgan zu anderen Menschen. Mit ihr nehmen wir Wärme und Kälte, Berührung und Schmerz, Nähe und Distanz wahr. Die Haut schützt uns vor schädlichen äußeren Einflüssen wie Krankheitserregern, Fremdsubstanzen, mechanischen Verletzungen sowie vor Flüssigkeitsverlust.

Unsere Haut wird grob in drei Schichten aufgeteilt:

* Oberhaut (Epidermis) und deren Anhangsgebilde (Drüsen, Haare und Nägel)
* Lederhaut (Korium oder Dermis)
* Unterhaut (Subcutis)

Epidermis und Korium, also die oberen beiden Schichten, werden oft auch als Kutis zusammengefasst.

Die Oberhaut besteht aus einem mehrschichtigen verhornenden Plattenepithel, das hauptsächlich aus Keratinozyten, das sind kernhaltige Hornzellen, besteht. Diese Zellen produzieren Keratin, einen Hornstoff, der eine wasserabweisende, schützende Schicht bildet. Außerdem enthält die Oberhaut noch Sinneszellen und melaninproduzierende Zellen. Die Oberhaut ist 0,03 mm bis 4 mm stark. Die dicksten Stellen sind die am stärksten mechanisch beanspruchten Hand- und Fußflächen. Innerhalb von 30 Tagen wird ein Zyklus durchlaufen, angefangen von der Entstehung der Zelle, über ihre Wanderung durch die Hautschichten, bis zu ihrem Zelltod. Die abgestorbenen Zellen werden abgestoßen. Diesen Vorgang nennt man programmierten Zelltod.

Die Lederhaut besteht hauptsächlich aus Bindegewebsfasern. Sie verleiht der Haut einerseits Reißfestigkeit, bleibt dabei jedoch gleichzeitig dehnbar. Die Bezeichnung Lederhaut kommt daher, dass man beim Gerben von Tierhäuten aus dieser Schicht das Leder macht. Sie schließt sich ohne scharfe Abgrenzung an die Unterhaut an. Bei jungen Menschen sind die Fasern in der Lage, viel Wasser zu speichern, was der Haut ein glattes, jugendliches Aussehen verleiht. Mit zunehmendem Alter verlieren sie diese Fähigkeit immer mehr, wodurch Falten entstehen. Die obere Schicht der Lederhaut, die Papillarschicht (Stratum papillare), besteht aus lockerem Bindegewebe und besitzt feine, elastische Fasern. Die Grenze zur Oberhaut ist durch kleine zapfenartige Ausziehungen, die dermale Papillen genannt werden, vergrößert. In ihnen verlaufen kleine Adern (Kapillaren), die die Oberhaut mit Nährstoffen versorgen. Die Papillen haben noch weitere Aufgaben. Zum einen halten sie durch ihre feste Verzahnung die Oberhaut fest, zum anderen werfen sie die Haut in feine Rillen, die das Greifen erleichtern. Diese Rillen verleihen jedem Menschen seinen unverwechselbaren Fingerabdruck.

Den unteren Abschnitt der Lederhaut nennt man Geflechtschicht (Stratum reticulare). Sie besteht aus festem Bindegewebe, das neben Kollagenen und elastischen Fasern auch Blutgefäße, Fettgewebe, Haarfollikel, Talgdrüsen, Nerven und Gänge von Schweißdrüsen enthält.

Die Unterhaut besteht aus lockerem Bindegewebe. Sie ist die Verschiebeschicht der Haut zu den darunterliegenden Schichten wie Muskelscheiden und Knochenhaut. In der Unterhaut befinden sich die unteren Abschnitte der Haarbälge sowie Druck und Vibrationstastkörperchen und Kälterezeptoren. Das Unterhautfettgewebe schützt in erster Linie die Organe vor Stößen. Außerdem dient es als Kälteschutz.

Was durch unsere Haut in den Körper eindringt, ist sehr abhängig davon, in welchem Zustand sich Hautflora und Hydrolipidfilm (Säureschutzmantel) befinden. Der Hydrolipidfilm besteht aus verschiedenen Ausscheidungen wie Talg, Schweiß, hauteigenem Wasser, Hornzellen und anderem. Sein pH-Wert liegt zwischen 5,5 und 6,5. Ist er gestört, können Krankheitserreger leicht in die Haut eindringen, da die Hautflora unmittelbar vom Säureschutzmantel abhängig ist. Die auf der Haut lebenden Keime fühlen sich nämlich nur bei leicht saurem pH-Wert wohl.

Kosmetika wirken hauptsächlich in der Epidermis, weswegen wir uns diese noch einmal genauer ansehen werden. Die Oberhaut wird in fünf Schichten unterteilt (von innen nach außen):

* Basalschicht (Stratum basale)
* Stachelzellschicht (Stratum spinosum)
* Körnerschicht (Stratum granulosum)
* Glanzschicht (Stratum lucidum)
* Hornschicht (Stratum corneum)

In der Basalschicht (Stratum basale), die unterste Schicht der Epidermis, befinden sich die sogenannten Basalzellen. Diese produzieren durch Zellteilung neue Zellen, die Keratinozyten. Da immer neue Tochterzellen gebildet werden, werden die Zellen automatisch nach oben geschoben.

Sie gelangen in die Stachelzellschicht (Stratum spinosum). Diese besteht aus acht bis zehn Reihen von Zellen mit stacheligen Ausläufern (lat. spinosus = stachelig), über die die Zellen miteinander verbunden sind. Die Zellen bilden über diese Brücken ein Gerüst, welches die Oberhaut stabil macht. Die Stachelzellschicht ist außerdem Sitz der Keratinosomen oder Odland Bodies. Das sind Zellorganellen, in denen körpereigene Lipide gebildet werden, die später die Barriereschicht der Haut bilden.

Die Körnerschicht (Stratum granulosum) besteht aus drei bis fünf Reihen von Zellen. Hier beginnt der eigentliche Verhornungsprozess (Keratinisierung). Die Kerantinozyten werden zunehmend flacher und verlieren ihren Zellkern. Hier geben die Keratinozyten das Fett in den interzellulären Raum ab, aus dem sich in der Hornschicht (Stratum corneum) die sogenannte Barriereschicht der Haut bildet.

Die Hornschicht (Stratum corneum) wird aus 25 bis 30 Reihen flacher und vollständig mit Keratin gefüllter Zellen (Korneozyten) gebildet. Zwischen diesen Zellen liegt die Barriereschicht wie Mörtel zwischen Mauersteinen. Das sorgt für die nötige Festigkeit der Hautschicht und schützt sie außerdem vor Verdunstung. Die Korneozyten werden ständig abgestoßen. Ein ewiger Kreislauf von Geburt, Leben und Tod.

Die verschiedenen Hauttypen

Um herauszufinden, welche Rohstoffe die richtigen für Ihre Haut sind, ist es wichtig, dass Sie Ihren Hauttyp bestimmen.

Grundsätzlich lässt sich die Haut in sechs Typen einteilen:

- Trockene Haut
- Fettige Haut
- Mischhaut
- Sensible Haut
- Reife Haut
- Normale Haut

Die unterschiedlichen Hauttypen hängen von verschiedenen Faktoren ab. Von der Menge der Talgproduktion, vom Stoffwechsel und davon, wie viel Feuchtigkeit die Haut produzieren und speichern kann.

Zusätzlich verantwortlich für unser Hautbild sind:

- Hormonelle Faktoren wie z. B. Pubertät oder Schwangerschaft
- Erbanlagen
- Krankheiten
- Ernährung und Lebenswandel
- Kosmetika
- Klima, Luftfeuchtigkeit und UV-Bestrahlung

Besonders große Unterschiede gibt es bei der Gesichtshaut. Außerdem verändert sich die Gesichtshaut besonders stark im Laufe des Lebens. So neigen Menschen ab dem 45. Lebensjahr eher zu normaler bis trockener Haut, junge Menschen dagegen haben häufig fettige Haut, die zu Unreinheiten neigt. Die Talgdrüsen werden nämlich erst in der Pubertät voll ausgebildet, sodass zu diesem Zeitpunkt die Talgproduktion stark ansteigt. Diese Entwicklung setzt sich ungefähr bis zum 25. Lebensjahr fort. Danach verringert sich die Talgproduktion wieder.

Trockene Haut

Die Ursache für trockene Haut, auch Sebostase genannt, ist eine Unterfunktion der Talgdrüsen. Das hat zur Folge, dass der Haut nicht genügend Fett zugeführt wird. Meist erkennt man das an trockenen, schuppenden und geröteten Hautpartien.

Menschen mit trockener Haut haben in ihrer Jugend meist weder Pickel noch unreine Haut oder große Poren. Je älter die Haut wird, desto mehr Pflege braucht sie, da die Talgdrüsen immer weniger hauteigenes Fett produzieren. Trockene Haut ist außerdem weniger elastisch, weswegen sie leichter einreißt. Das hat zur Folge, dass Keime eindringen und sich die Haut entzündet. Menschen mit trockener Haut leiden außerdem unter vermehrter Faltenbildung.

Die Ursache für trockene Haut können neben einer Veranlagung auch Faktoren wie Stress, falsche Ernährung und der Konsum von Genussmitteln wie Tabak und Alkohol sein. Kälte, häufiges Duschen und Heizungsluft wirken sich ebenso negativ aus.

Fettige Haut (Seborrhoe)

Großporig wirkende, fettig glänzende Gesichtspartien zeichnen diesen Hauttyp aus. Ursache ist eine Überproduktion der Talgdrüsen, die sensibel auf Hormone und/oder falsche Ernährung reagiert. Frauen mit diesem Hautbild bekommen vermehrt Mitesser und Pickel, wenn sie ihre Periode haben. Besonders ausgeprägt zeigt sich das in der sogenannten T-Zone (Stirn, Nase und Kinn). Fettige Haut ist meist robust und widerstandsfähig.

Fettige Haut wird wiederum in zwei Typen unterteilt: die Seborrhoea oleosa und die Seborrhoea sicca.

Seborrhoea oleosa

Hier ist das Mischverhältnis zwischen Wasser und Talg eine W/O-Emulsion (siehe Seite 14/15) und die Haut hat eine gesteigerte Wasserbindungsfähigkeit, was zu vermehrter Mitesserbildung und einem glänzenden Gesicht mit großen Poren führt.

Seborrhoea sicca

Hier ist das Mischverhältnis genau umgekehrt. Es bildet sich eine O/W-Emulsion (siehe Seite 14/15) und die Haut bindet nicht genügend Wasser. Das zeigt sich an spannender, geröteter Haut nach Wasserkontakt. Auch bei der Seborrhoea sicca glänzt die Haut und die Poren wirken stark vergrößert.

Mischhaut

Mischhaut besteht, wie der Name schon sagt, aus verschiedenen Hauttypen. Meist sind das trockene und normale Haut oder normale und fettige Haut. Die fettigen Teile des Gesichts sind meist auf die T-Zone begrenzt. Der Rest der Gesichtshaut ist entweder normal oder trocken.

Sensible Haut

Unter diesem Hautzustand leiden in der heutigen Zeit sehr viele Menschen. Es liegen in der Regel Unverträglichkeiten gegen verschiedene Inhaltsstoffe von Kosmetika vor. Das sind oft Duftstoffe, Farben, Tenside oder Konservierungsstoffe. Manchmal ist es aber auch nur ein Öl. Menschen mit empfindlicher Haut kommen nicht darum herum, verschiedene Kosmetika auszuprobieren. Ich rate dazu, Rezepturen mit möglichst wenigen Zutaten zu nehmen, da es so viel einfacher ist herauszufinden, welcher Inhaltsstoff nicht vertragen wird.

Reife Haut

Zwischen dem 30. und 40. Lebensjahr kann man altersbedingte Hautveränderungen wahrnehmen. Damit die Haut durch die verminderte Talgproduktion nicht austrocknet und sich erste Fältchen bilden, ist es besonders wichtig, schon vor dieser Zeit mit der richtigen Pflege zu beginnen. Denn sind die Falten erst mal da, ist kosmetisch nicht mehr viel machbar. Wer aber die Bedürfnisse seiner Haut schon mit 20 Jahren erkennt und sie danach pflegt und reinigt, wird deutlich später erste Alterserscheinungen wahrnehmen. Reife Haut ist in der Regel viel zu trocken, wirkt fahl und auch die Elastizität ist deutlich vermindert.

Normale Haut

Normale Haut hat feine Poren, eine gleichmäßige Oberfläche und fühlt sich glatt und straff an. Talgproduktion und Hautfeuchtigkeit sind im Gleichgewicht.

Die wenigsten Menschen können sich ihr gesamtes Leben über solch eine Haut freuen. Sollten Sie zu den wenigen gehören, können Sie sich glücklich schätzen. Verwenden Sie ausgewogene Pflegepräparate, die nicht zu viel Fett enthalten.

Basiswissen zur Kosmetikherstellung

Was ist eine Emulsion?

Bei sehr vielen Kosmetika handelt es sich chemisch betrachtet um Emulsionen. Auch in diesem Buch stelle ich Ihnen hauptsächlich Emulsionen vor. Daher ist es wichtig, sich zunächst einmal anzuschauen, was genau eine Emulsion ist. So können Sie später, wenn Sie die Rezepte in diesem Buch ausprobieren oder selbst welche entwickeln, auf das Grundwissen darüber zurückgreifen, wie Kosmetika zusammengesetzt sind und „funktionieren" – damit zwischen Ihnen und Ihren selbst gemachten Cremes und Lotionen auch die Chemie stimmt!

Als eine Emulsion bezeichnet man ein sehr fein vermengtes Gemisch zweier normalerweise nicht mischbarer Flüssigkeiten, in der Kosmetik z. B. von Jojobaöl und Rosenwasser. Da Fett und Wasser sich naturgemäß abstoßen, anstatt sich zu verbinden, wird ein sogenannter Emulgator

benötigt. Dieser sorgt dafür, dass eine der beiden Flüssigkeiten Tröpfchen bildet, während die andere diese ummantelt. So entsteht ein stabiles Gemisch. Dabei wird die äußere Phase (in der die Tröpfchen schwimmen) die kontinuierliche Phase genannt.

Kosmetika bestehen aus drei Hauptkomponenten, den sogenannten Phasen:

1. Die Fettphase – zu ihr gehören Butter, Öle, Wachse, Konsistenzgeber, Coemulgatoren und Emulgatoren.
2. Die Wasserphase – zu ihr gehören Wasser und Hydrolate (siehe Seite 31), in seltenen Fällen auch Milch oder Fruchtsaft.
3. Die Wirkstoffphase – zu ihr gehören unter anderem Extrakte, Vitamine, Gelbildner (Verdickungsmittel, die dafür sorgen, dass die einzelnen Phasen eines Gels sich nicht wieder trennen) und ätherische Öle. Die Wirkstoffphase ist eine zusätzliche Phase, die Kosmetika ihren Duft, eine spezielle Konsistenz und/oder besondere Wirksamkeit verleiht.

Man unterscheidet zwei Emulsionstypen:

* Öl-in-Wasser-Emulsion (O/W-Emulsion)
* Wasser-in-Öl-Emulsion (W/O-Emulsion)

Bei einer O/W-Emulsion ist das Öl in Tröpfchenform und wird vom Wasser umschlossen. Dieser Emulsionstyp fühlt sich auf der Haut eher durchfeuchtend an. O/W-Emulsionen lassen sich ganz leicht von der Haut abspülen. In der Regel haben Emulsionen dieses Typs hohe Wasserphasen. Beispiele für O/W-Emulsionen sind Lotionen, Wasch- und Feuchtigkeitscremes.

Bei einer W/O-Emulsion hingegen ist das Wasser in Tröpfchenform und wird vom Öl ummantelt. Solche Emulsionen erzeugen ein fettiges Gefühl auf der Haut und lassen sich ohne Seife nicht von der Haut abwaschen.
W/O-Emulsionen findet man in reichhaltigen Cremes wie z. B. solchen, die die Hände im Winter gegen Kälte und trockene Haut schützen.

Was für eine Emulsion Sie erhalten, ist abhängig vom verwendeten Emulgator. Glycerin Stearate erzeugt z. B. O/W-Emulsionen.

Ob eine Emulsion gelingt, d. h., ob sich die Mischung nicht wieder trennt, hängt von vielen Faktoren ab. Manche Emulgatoren reagieren z. B. sensibel auf Salze oder einen falschen pH-Wert. Selbst die bis dahin stabilsten Emulsionen haben sich bei mir manches Mal nach Zugabe der letzten Zutat (in dem Fall meist Konservierungsmittel) wieder getrennt. Auch die Verarbeitungstemperatur spielt eine Rolle: Beide Phasen sollten stets dieselbe Temperatur haben. Und schließlich muss auf die Rührgeschwindigkeit und -dauer geachtet werden, denn oft werden hohe Scherkräfte benötigt, um Fett und Wasser ordentlich zu verteilen und zu vermischen (dispergieren).
Allerdings gibt es auch hier Ausnahmen. Lanolin z. B. verträgt keine hohen Scherkräfte. Hier muss das Wasser tröpfchenweise eingearbeitet werden.

Tipp: Oftmals ist es im Nachhinein unmöglich herauszufinden, warum sich eine Emulsion wieder trennt. Wenn Sie eigene Rezepturen planen, rate ich Ihnen daher, genau aufzuschreiben, wie Sie gearbeitet haben. Dadurch lassen sich Wiederholungsfehler vermeiden und Sie können ein gutes Produkt später wieder herstellen.

Waage

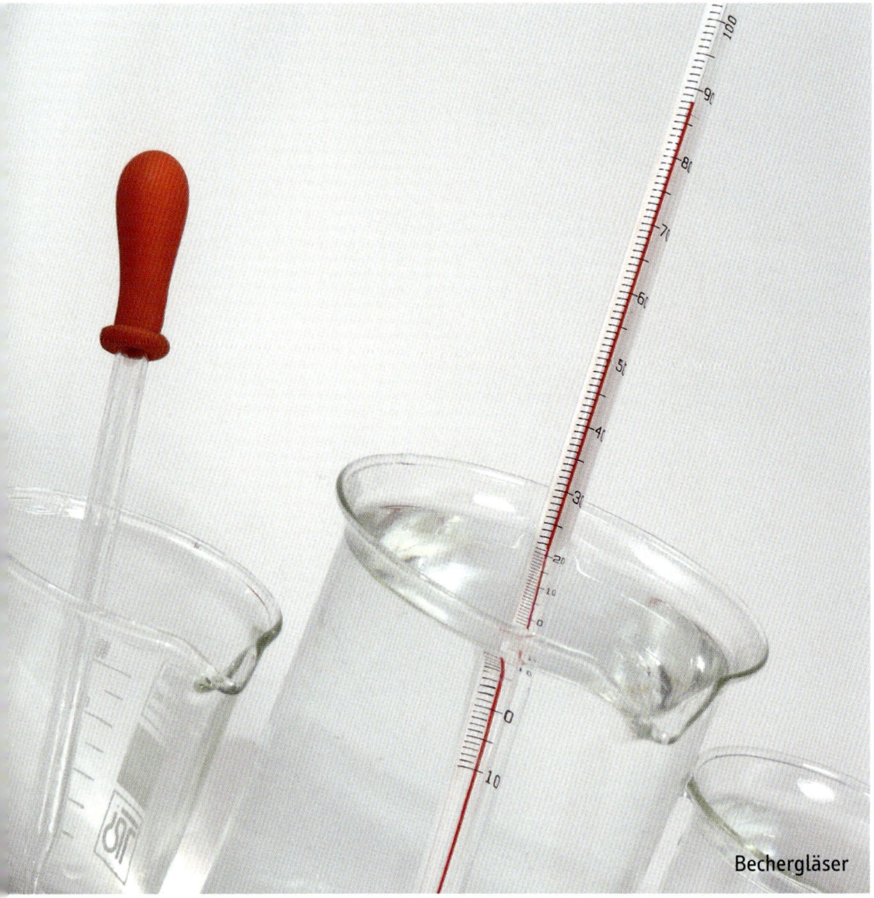

Bechergläser

Die Arbeitsutensilien

Wenn Sie sich entschlossen haben, Ihre erste Creme zu rühren, benötigen Sie außer den Zutaten eine kleine Grundausstattung:

Waage – Ihr wichtigstes Gerät ist eine Feinwaage mit einer Graduierung von 0,1 g oder noch besser 0,01 g. Fein- oder Goldwaagen gibt es bereits ab 10 Euro, allerdings lohnt es sich, in ein etwas teureres Modell zu investieren, da diese Waagen präziser und zuverlässiger arbeiten. Platzieren Sie Ihre Waage nicht in der Nähe elektromagnetischer Felder (z. B. Steckdosen), da diese die Waage stören.

Bechergläser in verschiedenen Größen – Als Grundausstattung reichen zwei etwas größere Gläser (ca. 250 bis 500 ml) für Fett- und Wasserphase und drei kleinere (ca. 50 bis 150 ml) für Wirkstoffe. Ich habe in Online-Shops gute Erfahrungen beim Kauf von Bechergläsern gemacht, jedoch sollte man gut vergleichen, da es teilweise gravierende Preisunterschiede gibt.

Schälchen oder Uhrgläser zum Abwiegen kleiner Mengen

Glasrührstäbe in verschiedenen Größen, Doppelspatel, doppelseitige Dosierlöffel, Pipetten, Einwegspritzen, kleiner Teigschaber

Pürierstab – Achten Sie darauf, dass der Kopf des Pürierstabes in eines Ihrer Bechergläser passt.

Milchaufschäumer oder Rührstab (batteriebetrieben) für kleinere Mengen oder einen speziell für die Herstellung von Kosmetik gefertigten Rührer mit verschiedenen Aufsätzen

pH-Papier oder pH-Teststreifen

Labor- oder Zuckerthermometer

Mörser aus Keramik

Mundschutz gegen Feinstaub

Sprühflasche mit Alkohol (70 % Vol.) zum Reinigen Ihres Arbeitsplatzes (siehe Seite 20)

Behältnisse für die fertigen Kosmetika

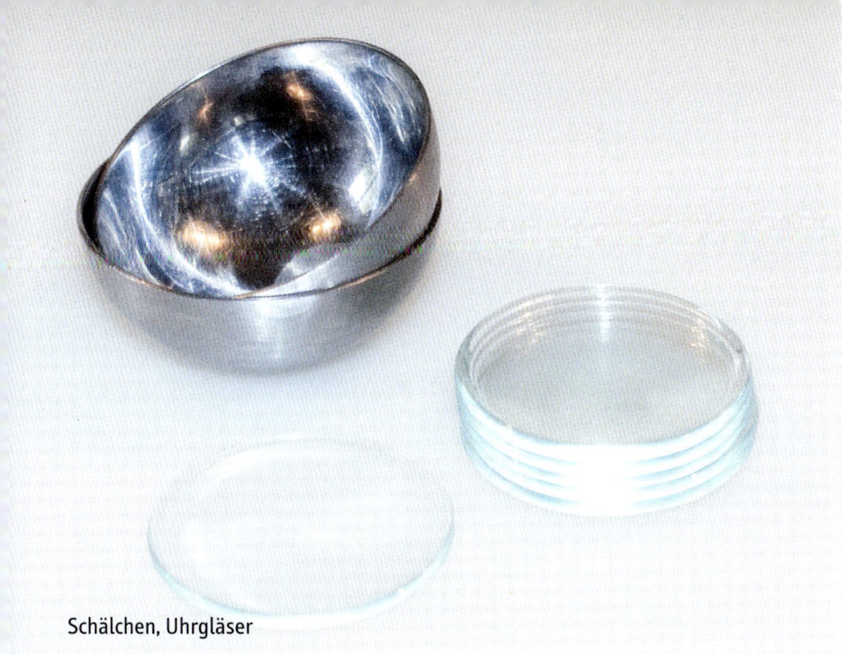
Schälchen, Uhrgläser

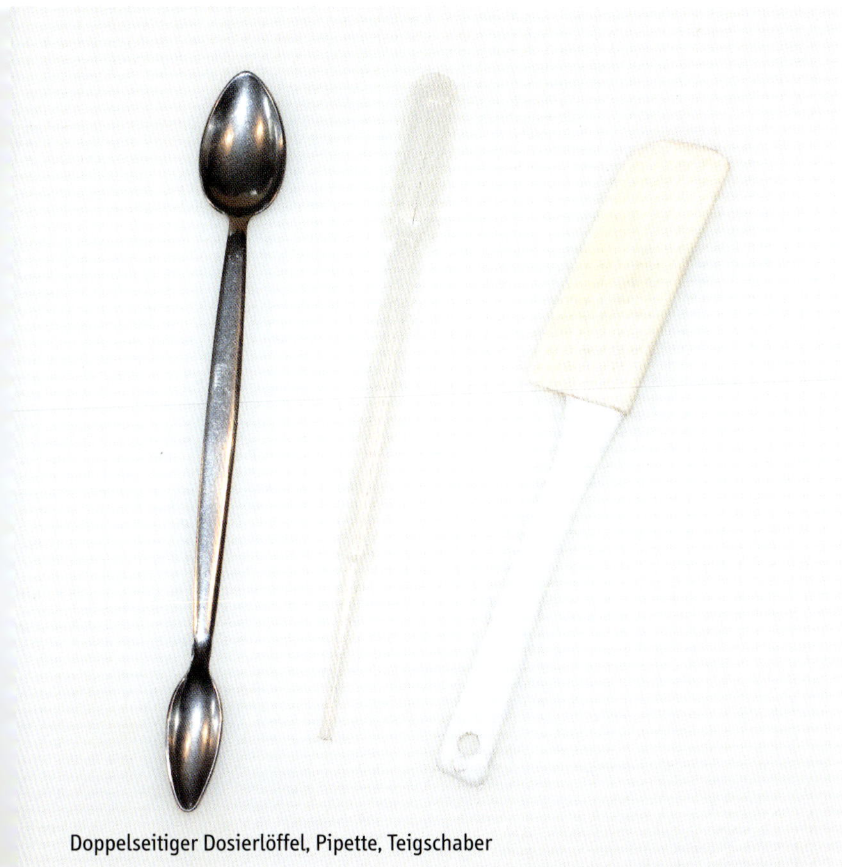
Doppelseitiger Dosierlöffel, Pipette, Teigschaber

Pürierstab

Milchaufschäumer

pH-Papier

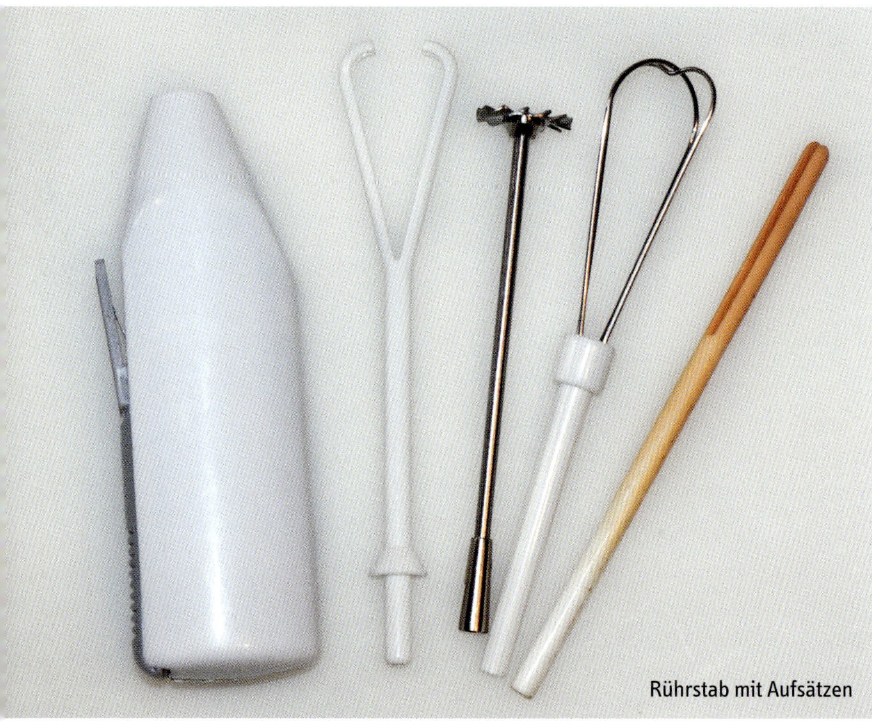

Rührstab mit Aufsätzen

pH-Teststreifen

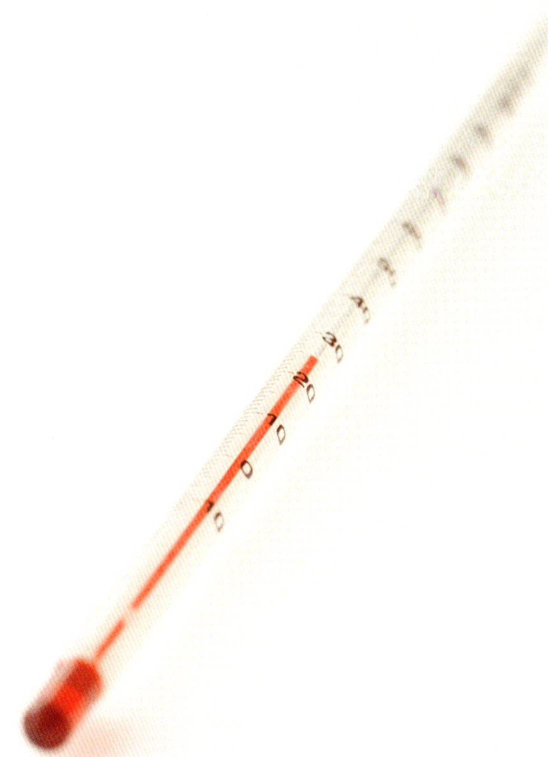

Laborthermometer

Mundschutz

Mörser

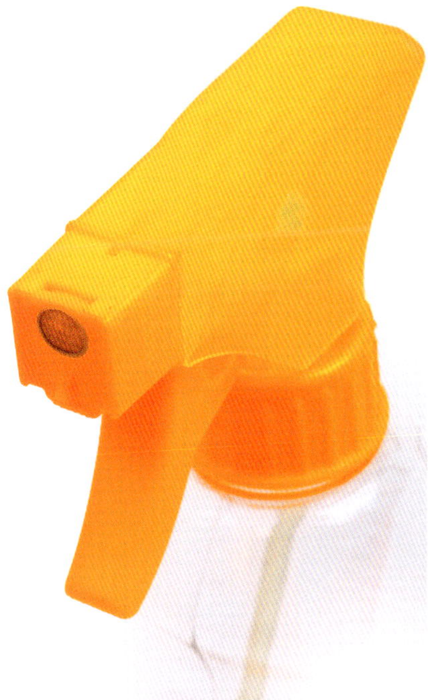

Sprühflasche

Behältnisse für Kosmetika

Der Arbeitsplatz

Einer der wichtigsten Grundsätze bei der Herstellung von Kosmetik ist das sterile Arbeiten. Nur so erreichen Sie bei Ihren Produkten eine lange Haltbarkeit! Besonders bei Rezepturen mit einer Wasserphase ist unbedingt auf Hygiene zu achten, da Wasser wesentlich schneller verdirbt als Fett.

Um Ihren Arbeitsplatz zu sterilisieren, entfernen Sie alles, was nicht unmittelbar etwas mit der Herstellung von Kosmetik zu tun hat, von der Arbeitsfläche. Dann reinigen Sie Ihren Arbeitsplatz mit Wasser und handelsüblichem Reinigungsmittel und besprühen ihn anschließend mit Alkohol (70 % Vol.; höherprozentiger Alkohol ist nicht nötig, da die Desinfektionswirkung gleich bleibt). Ist der Arbeitsplatz getrocknet, legen Sie ihn mit Küchenpapier oder frisch gewaschenen und getrockneten Geschirrhandtüchern aus.

Desinfizieren Sie nach dem gründlichen Waschen mit Wasser und Seife Ihre Hände zusätzlich mit Händedesinfektionsmittel oder Alkohol. Wenn Sie empfindliche Haut haben, tragen Sie Einmalhandschuhe und desinfizieren diese. Bitte denken Sie daran, dies jedes Mal erneut zu tun, falls Sie unterbrochen wurden (z. B. durch das Telefon) und etwas anderes angefasst haben.

Spülen Sie alle – auch neu gekaufte – Arbeitsgeräte, Bechergläser und Cremedöschen inklusive Deckel zunächst mit heißem Wasser und stellen Sie sie zum Trocknen kopfüber auf das Küchenpapier. Trocknen Sie die Gerätschaften keinesfalls mit einem Handtuch ab, da sie dadurch wieder verunreinigt werden. Nach dem Trocknen alle Gefäße satt mit Alkohol besprühen und wieder kopfüber zum Trocknen aufstellen.

Es ist auch möglich, die Geräte in einem Dampfkochtopf zu sterilisieren. Achten Sie aber darauf, dass die verwendeten Materialien hitzebeständig sind! (PET-Dosen z. B. verformen sich schon bei etwas über 70 Grad.)

Um Löffel, Spatel und ähnliches Gerät stets steril zur Hand zu haben, füllen Sie ein Becherglas mit Alkohol, stellen die Geräte hinein und entnehmen sie bei Bedarf.

Und zu guter Letzt: Verwenden Sie zur Entnahme von Rohstoffen niemals die Finger, sondern stets einen frischen Löffel, und zwar pro Rohstoff einen gesonderten Löffel.

Sicheres Arbeiten

Wahrscheinlich fragen Sie sich, welche Sicherheitsregeln es bei Kosmetik und ihren Inhaltsstoffen überhaupt gibt. Denn schließlich sind dies ja alles Dinge, die wir auf unsere Haut auftragen möchten, und diese sollten ja schließlich sicher sein. Aber: Die Menge bzw. Konzentration der verwendeten Rohstoffe und ihre Beschaffenheit bzw. Reinheit sind ausschlaggebend.

Ätherische Öle z. B. sind hoch konzentriert und sogar in der Lage, Plastik aufzulösen. Daher sollten ätherische Öle auf keinen Fall in die Augen oder auf die Schleimhäute gelangen.

In sehr geringen Mengen werden außerdem Säuren verarbeitet, z. B. Milchsäure und Zitronensäure. Diese reizen pur die Haut und nur wenige Tropfen verändern den pH-Wert von 100 g Creme gravierend.

Schließlich gibt es diverse Rohstoffe in Pulverform, die so fein sind, dass man auch bei sehr vorsichtiger Handhabung sofort in einer Wolke aus Staub steht. SLSA (siehe Seite 49) ist ein solches Pulver und es einzuatmen, ist sehr unangenehm. Verwenden Sie hierfür einen Mundschutz, der speziell vor Feinstaub schützt.

Aus den aufgeführten Gründen sollten Sie Kinder und Haustiere, während Sie arbeiten, aus Ihrem Werkraum fernhalten.

Hobby oder Gewerbe

Viele Menschen, die Naturkosmetik als Hobby herstellen, überlegen sich nach einer Weile, ihre selbstgemachten Produkte zu verkaufen. Ob es nun auf dem Weihnachtsbasar der Schule, auf einem kleinen Handwerkermarkt, in einem Laden oder im Internet ist, für alle Verkaufsformen gilt, dass kosmetische Produkte der Kosmetikverordnung (KVO) unterliegen. Man darf Kosmetika nicht einfach so verkaufen! Wenn Sie sich näher damit befassen wollen, empfehle ich Ihnen, sich die KVO als Lektüre zu besorgen. Genaueres dazu können Sie auch auf diesem Blog nachlesen:

http://traumseifen.blogspot.com/2010/09/du-mochtest-nichts-lieber.html

Aloe Vera

Rohstoffregister

Ätherische Öle

INCI: Essential Oils

Ätherische Öle sind ein wichtiger Bestandteil von Pflanzen, der ihnen Duft und Geschmack verleiht. Es gibt verschiedene Verfahren, um die ätherischen Öle aus den Pflanzen zu extrahieren. Die am häufigsten verwendeten Gewinnungsmethoden sind die Wasserdampfdestillation, die Pressung sowie die Extraktion mittels flüchtiger Lösungsmittel, CO_2 oder – bei besonders empfindlichen Pflanzen – Fett (die sogenannte Enfleurage). Wird CO_2 genutzt, enthalten die gewonnenen Öle mehr und andere Inhaltsstoffe als durch Destillation hergestellte Öle, wodurch sie „schärfer" werden können und auch anders riechen. Bei der Extraktion mittels flüchtiger Lösungsmittel wie Alkohol nennt man den gewonnenen Extrakt Absolue.

Werden ätherische Öle eingeatmet, haben sie eine Wirkung auf unsere Stimmung, Konzentrationsfähigkeit, unser Stressempfinden und andere Emotionen – sie wirken also auf das limbische System. Auf die Haut aufgetragen, stimulieren ätherische Öle die Nervenenden und übermitteln so Botschaften an unser Gehirn. Zum Beispiel können einige Tropfen Pfefferminzöl, in die Schläfen einmassiert, gegen Kopfschmerz helfen. Unterschätzen Sie niemals die teils starke Wirkung ätherischer Öle: Es gibt Öle, die bei Schwangeren Wehen auslösen oder bei Epileptikern zu einem Krampf führen können. Bei Kosmetika für das Gesicht gilt die Faustregel: ein Tropfen auf 10 ml des fertigen Produkts. Bei Kosmetika für den Körper gilt: zwei Tropfen pro 10 g. In Parfums auf Alkoholbasis sollte der Anteil fünf Prozent betragen, in festen Parfums zehn Prozent. Mein Rat an Sie: Suchen Sie im Zweifelsfall Expertenrat, z. B. in einem guten Fachbuch.

Hinweis: Bewahren Sie ätherische Öle bei gleichbleibender Raumtemperatur in dunklen Flaschen auf. Der Sauerstoffgehalt in der Flasche sollte möglichst gering sein, wobei Argongas oder Glaskügelchen helfen.

Algengel

INCI: Aqua, Propylene Glycol, Algae

Algengel wird aus der Rotalge Ahnfeldtia concinna gewonnen, die vor Hawaii geerntet wird. Der Extrakt der Alge wirkt entzündungshemmend, straffend sowie vorbeugend und regenerierend der Hautalterung entgegen. Die Einsatzkonzentration beträgt fünf bis zehn Prozent.

Allantoin

INCI: Allantoin

Allantoin ist ein weißes, gut wasserlösliches und hitzeunempfindliches Pulver, das in großen Mengen z. B. in Beinwell und Rosskastanienrinde vorkommt. Es hat regenerierende, feuchtigkeitsspendende und reizlindernde Eigenschaften. Allantoin wird besonders in Rezepturen gegen unreine Haut und Hautirritationen eingesetzt.

Aloe Vera

INCI: Aloe Barbadensis Miller

Genutzt wird nur der innere Teil des Blattes – das sogenannte Aloe-Vera-Gel – da im äußeren (grünen) Teil des Blattes Stoffe enthalten sind, die die Haut reizen und Allergien auslösen können. Hier gibt es sehr unterschiedliche Qualitäten. Das beste Gel wird aus Pflanzen gewonnen, die ohne Dünger und Wassergabe wachsen durften. Nur dann enthalten sie die Inhaltsstoffe in konzentrierter Form. Außerdem sollten Sie darauf achten, das pure Blattgel zu kaufen. Oftmals wird diesem nämlich zum Zwecke der Konservierung Kaliumsorbat und/oder Zitronensäure zugesetzt. Eine tolle Alternative ist das gefriergetrocknete, konzentrierte (1:200) Aloe-Vera-Pulver.

Aloe Vera wirkt kühlend und entzündungshemmend. Es ist feuchtigkeitsbewahrend und hilft pur aufgetragen fantastisch bei Sonnenbrand und Insektenstichen. Außerdem soll es bei Akne helfen.

Aprikosenkernöl

INCI: Prunus Armeniaca Kernel Oil

Aprikosenkernöl ist ein sehr mildes Öl, das auch von empfindlicher Haut gut vertragen wird. Es wirkt glättend und beruhigend und zieht sehr gut ein. Aprikosenkernöl hat eine ähnliche Struktur wie Mandelöl, ist jedoch etwas leichter. Es wird häufig bei Pflegeprodukten für Babys verwendet.

Arganöl

INCI: Argania Spinosa

Arganöl wird aus den Früchten des ausschließlich in Marokko heimischen Arganbaums gewonnen. Die Kerne der olivenartig aussehenden Früchte enthalten bis zu 50 Prozent des hellbraunen Öls. Für einen Liter werden etwa 30 Kilo Früchte benötigt. Da man den Arganbaum aufgrund seines spröden Holzes nicht maschinell schütteln kann, ist die Ernte sehr aufwendig. Arganöl ist daher ein besonders kostbares Öl.

Arganöl wirkt straffend und neutralisiert freie Radikale, was sich positiv auf das Bindegewebe auswirkt. Außerdem soll es bei Akne, Hautallergien und geschädigter Haut helfen.

Eine kleine, nette Besonderheit des Arganbaumes: Nicht nur Menschen schätzen seine Früchte. Oft bietet sich bei wild wachsenden Bäumen ein lustiges Bild, wenn kleine Ziegen, für die die Früchte eine besondere Leckerei sind, die Äste erklimmen.

Avocadin®

INCI: Persea Gratissima (Avocado) Oil and Persea Gratissima Avocado Oil Unsaponifiables

Avocadin® besteht aus dem unverseifbaren Bestandteil des Avocadoöls. Es wird besonders bei barrieregestörten und trockenen Hautzuständen verwendet. Die Einsatzkonzentration liegt zwischen 0,5 und 2 Prozent. Da Avocadin® einen relativ hohen Schmelzpunkt hat, sollten Sie es mit hitzeunempfindlichen Ölen und/oder Wachsen in der Fettphase aufschmelzen.

Avocadoöl

INCI: Persea Gratissima Kernel Oil

In seinen Ursprungsländern ist Avocadoöl ein traditionelles Pflegemittel, das die Haut vor dem Austrocknen schützt. Es ist reich an den Vitaminen A und E und enthält bis zu 85 Prozent ungesättigte Fettsäuren, hauptsächlich Palmitin-, Öl- und Linolsäure. Der Gehalt an Palmitoleinsäure ist vergleichbar mit dem von Sanddornfruchtfleischöl oder Macadamianussöl. Es zeichnet sich außerdem durch seinen hohen Anteil an sogenanntem Unverseifbarem aus, und enthält somit hochkonzentriert Bestandteile, die den Lipiden der Haut physiologisch ähneln. Dadurch fördert das Avocadoöl in besonderem Maße die Zellregeneration und den Feuchtigkeitsgehalt der Haut, hilft gegen Hautunreinheiten und verfeinert das Hautrelief. Avocadoöl wird außerdem in der Therapie von Hautkrankheiten wie Neurodermitis oder Schuppenflechte eingesetzt. Es lässt sich gut auf der Haut verteilen und zieht schnell ein.

Avocadoöl ist in verschiedenen Qualitäten erhältlich. Kaltgepresstes Avocadoöl erkennt man sofort an seiner dunkelgrünen Farbe. Es hat einen starken Eigengeruch. Raffiniertes Avocadoöl ist gelb.

Babassuöl

INCI: Orbygnia Oleifera

Babassuöl ist ein kostbares Öl, das nach einem aufwendigen Ernteprozess aus den Früchten der in Brasilien beheimateten Babassupalme gewonnen wird. Seine Fettsäurezusammensetzung ist dem des Kokosöls sehr ähnlich. Es hat einen fantastischen Duft, wenn es nativ, das heißt unraffiniert, ist.

Das bei Zimmertemperatur feste Öl besteht zum größten Teil aus gesättigten Fettsäuren. Bei Hautkontakt schmilzt es und zieht sofort ein, weshalb es hervorragend für Körperbutter geeignet ist. Außerdem hinterlässt es keinen Fettfilm.

Babassuöl wird sowohl bei trockener, spröder, als auch bei fettiger Haut oder Mischhaut mit entzündlichen Unreinheiten verwendet. Natives Babassuöl ist raffiniertem unbedingt vorzuziehen.

(Kokos-)Betain

INCI: Cocoamidopropyl Betain

Betain ist ein flüssiges Tensid (also ein Emulgator) pflanzlichen Ursprungs. Es ist ein sehr mildes Tensid, das für Naturkosmetik zugelassen ist. Betain hat ein gutes Schaumbildungsvermögen. Es wirkt leicht bakteriozid (d. h. bakterienabtötend) und wird gerne für Babyprodukte verwendet. Die Einsatzkonzentration beträgt 30 bis 50 Prozent.

Bienenwachs

INCI: Cera Alba (weiß), Cera Flava (gelb)

Bienenwachs wird von Bienen aus Wachsdrüsen abgesondert und zum Bau der Waben benutzt. Die so produzierten Wachsplättchen sind eigentlich weiß, durch die Vermischung mit Pollenöl, einem carotinhaltigen Farbstoff, der in den von den Bienen transportierten Blütenpollen enthalten ist, erhält es seine gelbe Färbung. Bienenwachs kommt gebleicht und gereinigt unter dem Namen Cera Alba in den Handel. Es wird für verschiedene Kosmetika und Seifen, aber auch für Lebensmittel als Überzugmittel verwendet.

In der Kosmetik kommt es meist als Konsistenzgeber zum Einsatz. Außerdem hinterlässt es auf der Haut einen zart einhüllend wirkenden Film, der besonders bei spröder Haut im Winter als angenehm empfunden wird. Vorsicht ist geboten bei Menschen mit Pollenallergie, denn es können trotz Reinigung Pollenrückstände im Bienenwachs sein, die möglicherweise eine Unverträglichkeitsreaktion auslösen.

Bittermandelöl (blausäurefrei)

INCI: Prunus Dulcis Var. Amara

Bittermandelöl ist ein intensiv nach Marzipan duftendes ätherisches Öl. Daher reicht oft schon eine Menge von 0,5 Prozent der Gesamtmasse aus. Dosieren Sie es also vorsichtig.

Borretschsamenöl

INCI: Borago Officinalis

Borretschsamenöl wird aus den Samen des Borretschs durch Kaltpressung, eventuell mit anschließender Raffination gewonnen. Kaltgepresste Qualität hat eine goldgelbe Farbe und riecht krautig, gurkenähnlich. Raffiniertes Öl ist farblos bis schwach gelb.

Dieses Öl zeichnet sich durch seinen besonders hohen Gehalt an Gamma-Linolensäure aus. Der Anteil kann bis zu 21 Prozent betragen. Allerdings enthält Borretschsamenöl auch einige für uns weniger gute Inhaltsstoffe: Ecrucasäure beispielsweise kann in größeren Mengen gefäßschädigend sein. Allerdings liegt der ernährungsphysiologische Wert mit weniger als fünf Prozent Ecrucasäure unter dem gesetzlichen Grenzwert für Speiseöle.

Borretschsamenöl wird erfolgreich bei Neurodermitis, Schuppenflechte, atopischen Ekzemen und generell zur Hautregeneration eingesetzt und man findet es in immer mehr Anti-Falten-Cremes sowie in Haar- und Nagelpflegeprodukten.

Leider ist Borretschsamenöl nur zehn bis zwölf Wochen haltbar.

Brokkolisamenöl

INCI: Brassica Oleracea (Broccoli) Seed Oil

Brokkolisamenöl ist von goldgelber, leicht grünlicher Farbe und hat einen dezent nussigen Duft. Es ist ein ausgesprochen leichtes, nicht aufliegendes Öl, das vor allem in Haarpflegeprodukten als biologischer Silikonersatz eingesetzt wird. Es macht das Haar leicht kämmbar, ohne dabei zu fetten. Sie können es auch pur als Haarspitzenkur verwenden. Dazu einfach eine kleine Menge in den Handflächen verreiben und in die Haarspitzen kneten.

Candelillawachs

INCI: Euphorbia Cerifera Wax

Candelillawachs wird aus den Blättern und Stengeln des in Nordmexiko und den südwestlichen Vereinigten Staaten wachsenden Candelillabusches gewonnen. Der Candelillabusch gehört zu den Wolfsmilchgewächsen und das aus ihm gewonnene „Wachs" ist sehr hart und von gelblich-brauner Farbe. Genauer betrachtet ist es kein Wachs: Es besteht aus 18 bis 20 Prozent Harz, fünf bis sechs Prozent Oxylacton und 75 Prozent Dotriakontan (Unverseifbarem) und ist somit ein Harz-Kohlenwasserstoff-Gemisch. Der Schmelzpunkt liegt bei 67 bis 79 °C und damit zwischen dem des weicheren Bienenwachses und dem des noch härteren Carnaubawachses.

Candelillawachs findet Verwendung in Lippenstiften, Bodymelts, festen Parfums und in niedrigerer Dosierung als Konsistenzgeber in Emulsionen. Drei Prozent Candelillawachs in einer Sheasahne erzeugen ein sehr angenehmes Hautgefühl und auch das Auftragen wird erleichtert. Zudem ist es wesentlich günstiger als Bienenwachs.

Aprikosenkernöl

Carrageen

INCI: Carrageenan

Carrageen ist ein Gelbildner, der aus der Rotalge Chondrus crispus gewonnen wird. Es gibt verschiedene Carrageenarten. Das, welches ich bei den hier vorgestellten Rezepten verwendet habe, ist Kappa 2-Carrageen. Es bildet starke, elastische Gele. Dazu benötigt es unbedingt eine Hitzebehandlung von ca. 75 °C, da sich das Carrageen bei niedrigeren Temperaturen nicht vollständig löst. Die Einsatzkonzentration liegt bei 0,1 bis ein Prozent.

Avocadoöl

Ceralan

INCI: Cera Alba

Ceralan ist modifiziertes Bienenwachs. Es ist farb- und geruchlos und wird als konsistenzgebender Rohstoff verwendet, der Emulsionen hitzestabiler und haltbarer macht. In Ölen wirkt es ähnlich wie ein Gelbildner. Außerdem hat es die Eigenschaft, Farbpigmente in der Schwebe zu halten, sodass sie sich nicht am Boden absetzen.

Cetearylalkohol

INCI: Cetearyl Alcohol

Cetearylalkohol ist ein nicht-ionischer Co-Emulgator und Konsistenzgeber. Es ist in Form kleiner gelblich-weißer Kügelchen oder Pellets erhältlich. Cetearylalkohol hat einen Schmelzbereich von 48 bis 53 °C und wird zusammen mit der Fettphase aufgeschmolzen.

Bienenwachs

Borretschsamenöl

Tonerde

Hagebuttenkernöl

Cetylalkohol

INCI: 1-Hexadecanol, Cetyl Alcohol

Cetylalkohol ist ein Fettalkohol, der synthetisch hergestellt wird. Er kommt in Form von kleinen weißen Plättchen in den Handel. Hier wird er als Konsistenzgeber oder Co-Emulgator in Emulsionen und Haarpflegeprodukten verwendet. Einer der herausragendsten Eigenschaften von Cetylalkohol ist, dass er das Einziehverhalten von Emulsionen beeinflusst. Cremes ziehen schneller in die Haut ein und wirken dadurch weniger fettig – eine Eigenschaft, die z. B. bei Handcremes erwünscht ist. Außerdem wird er in Emulsionen bei fetter und unreiner Haut verwendet.

Cetylalkohol wird in der Fettphase geschmolzen. Der Schmelzpunkt liegt bei 49 °C. Die Einsatzkonzentration beträgt zwischen 0,5 und 1 Prozent bei trockener Haut und bis zu 3 Prozent bei allen anderen Hautzuständen.

Cupuacubutter

INCI: Theobroma Grandiflorum

Wie man am lateinischen Namen erkennt, ist Cupuacu eng mit dem Kakao verwandt. Cupuacu ist im gesamten Amazonas-Regenwald zu finden. Die Cupuacubutter wird aus den bohnenförmigen Samen durch Pressen gewonnen.

Die Butter ist hellbeige, bei Raumtemperatur fest und hat einen fruchtig-aromatischen, teils leicht säuerlichen Geruch. Sie hat einen hohen Phytosterolgehalt, der die Lipidproduktion der Haut, also ihren Fettgehalt, reguliert. Außerdem erhöht Cupuacu die Hautfeuchtigkeit, wirkt entzündungshemmend und hat einen leichten Sonnenschutzfaktor.

Distelöl

INCI: Carthamus Tinctorius L

Distelöl wird aus den Samen der Färberdistel gepresst. Es hat einen ausgesprochen hohen Linolsäuregehalt. Außerdem enthält es Alpha-Tocopherol, Vitamin A, Vitamin K und bis zu einem Prozent unverseifbare Bestandteile.

Distelöl ist ein Öl, das optimal bei fettiger Haut ist. Es zieht schnell ein, ist nicht filmbildend und sehr leicht. Bei unreiner, stark fettender Haut bietet sich eine Mischung aus Distelöl, Hanf- oder Johannisbeersamenöl, Traubenkernöl und Babassuöl an.

Das im Distelöl enthaltene Vitamin K kann auch gegen Augenschatten helfen.

Elastin P

INCI: Hydrolized Weat Protein

Das Elastin, was wir verwenden, ist pflanzlicher Natur und wird aus Weizengluten gewonnen. Es verbessert die Elastizität der Haut, mildert Fältchen und wirkt regulierend auf den Säureschutzmantel. Elastin wird in Haar- und Hautpflegeprodukten verwendet. In Haarpflegeprodukten legt es sich als feiner Film um die Haare, die sich dadurch fülliger anfühlen und glänzen. Da es hitzeunempfindlich ist, können Sie es in der heißen Wasserphase auflösen. Es löst sich aber auch in kaltem Wasser. Die Einsatzkonzentration beträgt 0,2 bis 1 Prozent.

Emulsan

INCI: Methyl Glucose Sequistearate

Emulsan ist ein Emulgator. Er kann in einer Vielzahl von Produkten zum Einsatz kommen und ist extrem pH-Wert-tolerant, weswegen sich nahezu alle Rohstoffe mit ihm verarbeiten lassen. Emulsan kann in Cremes, Lotionen, Emulsifying Scrubs und vielem mehr verwendet werden. Die optimale Fettmenge liegt bei Cremes zwischen 20 und 40 Prozent, bei Lotionen und Waschsahne bei 15 bis 25 Prozent. Emulsan ist ein O/W-Emulgator und seine Einsatzkonzentration liegt bei Cremes zwischen 3,3 und 8,2 Prozent.

Wie sich eine Creme mit Emulsan später auf der Haut anfühlt, hat etwas mit der Verarbeitung zu tun. Am besten verarbeitet man Emulsan wie folgt: Die Fettphase (mit dem Emulsan) und die Wasserphase sollten zwischen 70 und 80 °C heiß sein. Die Fettphase unter Rühren schluckweise zur Wasserphase geben und so hochtourig und lange wie möglich mit dem Pürierstab bearbeiten (emulgieren).

Ethanol/Weingeist

INCI: Alcohol

Da Ethanol kein Vergällungsmittel enthält, also in Lebensmitteln verarbeitet werden kann und für den Verzehr geeignet ist, ist er deutlich teurer als z. B. kosmetisches Basiswasser, da Alkoholsteuer anfällt. Der Ethanolgehalt liegt zwischen 95 und 96 % Vol.

Es ist möglich, Naturkosmetik ausschließlich mit Ethanol zu konservieren. Dazu benötigen Sie zwischen zehn und 15 % Vol. auf die Wasserphase gerechnet. Wenn Sie mindestens zwölf Prozent Alkohol zum Konservieren verwenden, hält die Emulsion acht bis zwölf Wochen. Zehn bis zwölf Prozent konservieren sie für vier bis sechs Wochen. Allerdings sollten Sie nicht unter zehn Prozent gehen. Alkohol wirkt desinfizierend und kühlend, aber auch austrocknend. Wie viel Alkohol Sie zum Konservieren verwenden, müssen Sie Ihre Haut entscheiden lassen. Sollten Sie bereits zehn Prozent als zu stark austrocknend empfinden, ersetzen Sie einen Teil des Alkohols durch Kaliumsorbat.

Neben Ethanol können Sie auch alkoholische Tinkturen oder Extrakte zum Konservieren verwenden. Nur denken Sie bitte daran, dass diese meist nur 70 % Vol. enthalten und sich das natürlich auf die Grammzahl auswirkt.

Ein kleines Rechenbeispiel

100 g Emulsion mit 30 Prozent Fettphase und 70 Prozent Wasserphase:

Um 70 g 15 % Vol. konservierte Wasserphase zu erhalten, benötigen Sie 9,2 g Alkohol 95 % Vol. und 60,8 g Wasserphase.

Um 70 ml 15 % Vol. konservierte Wasserphase zu erhalten, benötigen Sie 15 ml (12,8 g) Alkohol 70 % Vol. und 55 ml (55 g) Wasserphase.

Extrakte/Tinkturen

INCI: Extract

In den Rezepten im Buch werden entweder wässrig-alkoholische Extrakte oder Extrakte auf Propylenglycolbasis verwendet. Extrakte bestehen immer aus einem Lösungsmittel (hier Alkohol oder Propylenglycol) und einer Pflanze, der ihre fett- und wasserlöslichen Wirkstoffe entzogen werden. Alkoholische Extrakte haben zudem den Vorteil, dass sie lange haltbar sind und als Konservierungsmittel eingesetzt werden können. Die meisten im Handel erhältlichen Extrakte haben einen Alkoholgehalt von 70 Prozent.

Hier einige Beispiele für Extrakte: Brennessel (wirkt durchblutungsfördernd, gefäßerweiternd und haarwuchsfördernd. Wird in Shampoos gegen Schuppen und in Cremes bei unreiner Haut verwendet.), Ringelblume/Calendula (wirkt beruhigend, glättend und heilend. Gut bei stark beanspruchter, pflegebedürftiger Haut.), Thymian (wirkt reinigend und desinfizierend bei unreiner Haut und Akne.), Johanniskraut (wirkt wundheilend, z. B. bei Akne. Pur aufgetragen hilft es bei Verbrennungen und Insektenstichen.), Kamille (wirkt heilend, beruhigend, entzündungshemmend und pflegend. Besonders für sensible und Kinderhaut geeignet.), Hamamelis (wirkt zusammenziehend und tonisierend bei empfindlicher, unreiner und großporiger Haut.), Grüntee (klärt das Hautbild und beruhigt gestresste Haut.), Gurke (spendet Feuchtigkeit und wirkt klärend bei unreiner Haut.), Da Zao (spendet Feuchtigkeit und erhöht die Widerstandskraft der Haut.), Jasmin (wirkt beruhigend und klärend.), Neem (mildert Juckreiz und wird zur Vorbeugung von Kopfläusen in Shampoos eingesetzt.), Salbei (wirkt entzündungshemmend und astringierend bei fettiger und unreiner Haut.)

Haselnussöl

Honig

Facetensid HT

INCI: Disodium Laurethsulfosuccinate

Facetensid ist ein ausgesprochen mildes Tensid, das häufig für Babyshampoo verwendet wird. Es besteht aus pflanzlichen Rohstoffen (Zitronensäure und Fettalkohole). Facetensid hat 41 Prozent waschaktive Substanzen, kann aber trotzdem in höheren Dosierungen (bis zu 50 Prozent) eingesetzt werden.

Feuchtigkeitsfaktor NMF

INCI: Aqua, Sodium Lactate, Lactic Acid, Glycerin, Serine, Sorbitol, TEA-Lactate, Urea, Sodium Chloride, Lauryl Diethylendiaminoglycine, Laryl Aminopropylglycine, Allantoin, Alc. Denat

NMF (Natural Moisturizing Factor) verleiht der Haut ein frisches, pralles Aussehen, mindert kleine Fältchen und versorgt die Haut mit Feuchtigkeit.

Fluidlecithin CM

INCI: Lecithin, Sunflower (Helianthus Annuus) Seed Oil

Fluidlecithin ist ein Emulgator, der zu 50 Prozent aus Lecithin und zu 50 Prozent aus Sojaöl besteht. Er ist von gelb-brauner Farbe und von sirupartiger Konsistenz. Mit Fluidlecithin CM können Sie sowohl O/W- als auch W/O-Emulsionen erzeugen. Dies ist abhängig vom Verhältnis der Fett- und Wasserphase. Bei Wassermengen bis zu 50 Prozent entsteht zumeist eine W/O-Emulsion. Bei Wassermengen über 65 Prozent entsteht eine O/W-Emulsion. Ein großer Nachteil dieses Emulgators ist, dass meistens auch im fertigen Produkt der starke Eigengeruch des Lecithins wahrnehmbar ist. Die Einsatzmenge beträgt 5 bis 12 Prozent, wenn Sie ihn als pflegenden Co-Emulgator mitverarbeiten, 0,5 bis 3 Prozent.

Ghassoul

INCI: Tonerde

Ghassoul oder Rhassoul kommt aus dem Atlasgebirge in Marokko, ist von schwarz-brauner Farbe und wird meist unter dem Namen Lavaerde gehandelt. Dieser Name kommt nicht etwa daher, weil die Erde aus Vulkangestein besteht, sondern leitet sich vom lateinischen Wort lavare (waschen) ab. Tonerde gibt es in verschiedenen Farben und Bezeichnungen: rot, grün, rosa, weiß, Kaolin, Heilerde und viele mehr.

Ghassoul zeichnet sich, ebenso wie andere Tonerden, dadurch aus, dass sie große Mengen an Wasser und andere Substanzen an sich binden kann. Tonerden werden daher gerne für klärende Gesichtsmasken verwendet.

Glycerin

INCI: Glycerol

Glycerin ist eine viskose, klare Flüssigkeit ohne Eigengeruch. Es ist natürlicher Bestandteil des hauteigenen Feuchthaltesystems und daher sehr gut verträglich. Besonders bei Rezepturen für trockene Haut ist es als Rohstoff zu empfehlen.

Bei der Herstellung von Kosmetik wird es als hydratisierender Rohstoff gerne mit anderen Feuchtigkeitsspendern kombiniert (z. B. mit Urea oder Natriumlactat). In zu hohen Dosierungen erzeugt Glycerin allerdings ein klebriges Hautgefühl (besonders in Verbindung mit Gelbildnern), sodass die Einsatzkonzentration nicht mehr als fünf Prozent betragen sollte.

Des Weiteren kann Glycerin die Wirkung von Tensiden stark abmildern, sodass es häufig in Duschgels, Haarshampoos und Reinigungsprodukten zu finden ist. Glycerin ist ca. zwei Jahre haltbar.

Glycerinstearat SE (Tegin®)

INCI: Glyceryl Stearate SE

Dieser Emulgator ist besonders gut geeignet für sehr leichte Formulierungen wie Tagescremes mit Fettphasen zwischen 20 und 30 Prozent oder Reinigungscremes. Er ist pflanzlichen Ursprungs und etwas schwierig zu verarbeiten: Er mag keine hohen Scherkräfte über längere Zeit, weswegen man nach maximal zwei Minuten mit dem Pürierstab bis zum Erkalten von Hand weiterrühren muss. Leider ist er sehr empfindlich gegen Säuren und reagiert auch schlecht auf manche Konservierungsmittel. Am zuverlässigsten konservieren Sie hier mit Alkohol oder alkoholischen Extrakten. Für Ihre Mühen wird Sie dieser Emulgator jedoch mit einem sensationellen Gefühl auf der Haut entschädigen.

Haferprotein

INCI: Oat (Avena Sativa) Protein

Haferprotein bildet einen glättenden, schützenden Film auf der Haut, mildert Falten, erhöht die Widerstandskraft der Haut und bewahrt und reguliert die Feuchtigkeit.

Hanföl

INCI: Cannabis Sativa Oil

Hanföl wird aus den Samen der Hanfpflanze gepresst. Lange Zeit war diese Pflanze in Deutschland fast ausgestorben und wird erst seit einigen Jahren wieder vermehrt angebaut. Zu den herausragenden Eigenschaften von Hanföl zählt die gute Hautverträglichkeit. Besonders bei Neurodermitis soll es, innerlich und äußerlich angewendet, zu sehr guten Ergebnissen führen. Das liegt unter anderem an seinem hohen Gehalt an Gamma-Linolensäure, die sonst nur bei Nachtkerzen- und Borretschsamenöl in nennenswerter Menge vorkommt. Hanföl enthält über 80 Prozent ungesättigte Fettsäuren, was die Haltbarkeit leider sehr herabsetzt. Sie sollten es daher kühl, dunkel und gut verschlossen lagern.

Wenn Sie eigene Rezepte kreieren, achten Sie unbedingt darauf, es mit ölsäurehaltigen Ölen wie Mandel-, Haselnuss- und Avocadoöl zu mischen. Diese wirken stabilisierend und machen das Hanfölprodukt länger haltbar.

Hagebuttenkernöl/Wildrosenöl

INCI: Rosa Canina Oil

Die Wildrose – auch Hunds-Rose genannt – stammt vermutlich aus Chile. Sie gedeiht in Höhen bis zu 3000 Metern und ist in Europa sowie in den gemäßigten Zonen Amerikas, Asiens und Afrikas beheimatet. Die wunderbar orangerot leuchtenden Früchte sind genau genommen nur Scheinfrüchte. Die eigentlichen Früchte sind die kantigen, hellen, steinharten Nüsschen, aus denen in einem sehr aufwendigen Verfahren das Öl gepresst wird. Nicht jede herkömmliche Ölpresse kann es mit der Härte der Nüsse aufnehmen. Die Chilenen nutzen, so habe ich es mir erzählen lassen, eine von einem deutschen Ingenieur entwickelte Schälmaschine, die die Kerne von ihrer harten, äußeren Schale befreit. Wenn die harte, äußere Schale vor dem Pressen nicht entfernt wurde, erkennt man das am verbrannten Geruch des Öls. Sie sollten

Johanniskrautöl

Jojobaöl

Kaffeebohnenöl

Kakaobutter

also, wenn möglich, an dem Öl riechen, bevor Sie es kaufen. Ist das nicht möglich, fragen Sie einfach beim Händler Ihres Vertrauens nach.

Auch bei Hagebuttenkern- bzw. Wildrosenöl gibt es eine unraffinierte Qualität, die meist von orangeroter Farbe ist und fruchtig riecht, und eine raffinierte, die heller ist und wenig riecht.

Hagebuttenkernöl enthält Transretinolsäure, die den Prozess der Hauterneuerung beschleunigt. Durch den Kollagenaufbau sorgt es dafür, dass trockene Haut mehr Feuchtigkeit speichern kann und so vor dem Austrocknen geschützt ist. Außerdem wirkt es Pigmentflecken entgegen und mildert Narben. Besonders für trockene und reife Haut ist Wildrosenöl ist ein wunderbares Gesichtsöl.

Bei kühler, lichtgeschützter Lagerung ist Wildrosenöl 12 Monate haltbar.

Harnsäure

siehe Urea

Haselnussöl

INCI: Corylus Avellana Oil

Haselnussöl gibt es in verschiedenen Qualitäten. Kaltgepresstes Haselnussöl ist goldgelb und duftet leicht nussig. Des Weiteren gibt es im Handel Öl aus gerösteten Nüssen. Es hat eine etwas dunklere, leicht bräunliche Farbe und duftet intensiv nach Haselnuss.

Haselnussöl ist ein ideales Hautpflegemittel, das sich auch hervorragend als Massageöl eignet. Es hilft bei vielen Hautproblemen, besonders bei empfindlicher und trockener Haut. Es ist sehr nährend und zieht nur langsam ein. Dies ist besonders bei kaltem Wetter ein Segen für die Haut.

Man findet Haselnussöl in vielen Kosmetikprodukten, z. B. in Lippenstiften, Massageöl und Coldcreams.

Honig

INCI: Mel

Honig wird seit jeher zur Hautpflege genutzt. Er hat eine antibakterielle und feuchtigkeitspendende Wirkung. Außerdem regt er die Durchblutung an, reinigt und hinterlässt ein weiches Hautgefühl, wenn er als Frischmaske (z. B. mit Joghurt und Öl) aufgetragen wird.

Besonders hervorzuheben ist der Manukahonig. Er enthält Methylglyoxal, das stark desinfizierend und antibakteriell wirkt. Beim Honigkauf sollten Sie auf Bioqualität achten, da konventioneller Honig oft Spuren von Antibiotika enthält. Außerdem sollte der Honig kalt geschleudert sein, da viele seiner wertvollen Inhaltsstoffe durch Hitze zerstört werden. Deshalb darf er auch nur bei Temperaturen unter 40 °C verarbeitet werden.

Hyaluronsäure

INCI: Hyaluronic Acid

Hyaluronsäure ist ein Mehrfachzucker, der auch in unserer Haut vorkommt. Hyaluronsäure ist als weißes Pulver erhältlich, das in Wasser gelöst ein Gel ergibt. Hyaluronsäure bindet Feuchtigkeit in der Haut, wirkt optisch hautstraffend und findet sich in vielen Anti-Aging-Produkten.

Hyaluronsäure ist nicht ganz billig, allerdings genügen bereits 0,1 bis 0,5 Prozent. Hyaluronsäure ist etwas schwierig zu verarbeiten, da es beim direkten Einrühren in die Wasserphase Klümpchen bildet. Am einfachsten dispergieren (sorgfältig verrühren/verteilen) Sie das Pulver in etwas Alkohol und geben dieses Gemisch unter Rühren in die Wasserphase.

Hydrolate

INCI: Hydrosol

Hydrolate werden durch Destillation gewonnen – teilweise als Nebenprodukt bei der Gewinnung von ätherischem Öl – und enthalten die wasserlöslichen Stoffe der Pflanze sowie in geringen Mengen ätherisches Öl. Sie sind das Kondensat, das bei der Abkühlung des Destillationsdampfes entsteht. Ihre Wirkung ist ähnlich der des dazugehörigen ätherischen Öls, allerdings milder.

Das wohl bekannteste Hydrolat ist Rosenwasser, das häufig zur Marzipanherstellung verwendet wird. Wenn Sie Hydrolate kaufen, achten Sie unbedingt darauf, dass es sich um ein echtes Hydrolat handelt. Nach dem deutschen Arzneimittelbuch (DAB) wird Rosenwasser nämlich aus Wasser und ätherischem Öl hergestellt. Dieses Rosenwasser ist deutlich günstiger als das Hydrolat, allerdings hat es auch nicht dieselbe Wirkung. Da Hydrolate leider sehr schnell verkeimen, wird häufig ein Konservierungsmittel zugegeben. Ich bevorzuge die zu 100 Prozent reine Form. Wenn Sie größere Mengen haben, die Sie nicht gleich verarbeiten möchten, können Sie das Hydrolat auch problemlos einfrieren.

Hier einige Stichworte zu den im Buch verwendeten Hydrolaten:

Kornblumenhydrolat

INCI: Centaurea Cyanus Hydrosol

Duft: Heu mit Zitrusnote

Wirkung: Abschwellend. Beruhigt müde, geschwollene Augen, regeneriert und belebt den Teint, strafft das Gewebe.

Kamillenhydrolat

INCI: Chamomilla Recutita Hydrosol

Duft: Kamille

Wirkung: Entzündungshemmend und beruhigend. Lindert rote und gereizte Haut.

Zitronenhydrolat

INCI: Citrus Limonum Hydrosol

Duft: Zitrone

Wirkung: Beseitigt Mitesser und verfeinert die Poren.

Nerolihydrolat (Orangenblüte)

INCI: Citrus Aurantium Flower Hydrosol

Duft: blumig

Wirkung: Beruhigend und stimmungsaufhellend.

Hamamelishydrolat (Zaubernuss)

INCI: Hamamelis Virginiana Hydrosol

Duft: aromatisch-blumig

Wirkung: Reinigt und strafft die Haut, verfeinert die Poren und fördert die Durchblutung.

Jasminhydrolat

INCI: Jasminum Sambac Hydrosol

Duft: intensiv-blumig

Wirkung: Dieses Hydrolat wird hauptsächlich wegen des Duftes verwendet, der stimmungshebend und stresslösend wirken kann.

Rosenhydrolat

INCI: Rosa Damascena Hydrosol

Duft: Rose

Wirkung: Adstringierend und hautstraffend. Es wirkt gegen Falten und hilft der Haut zu regenerieren.

Teebaumhydrolat

INCI: Melaleuca Alternifolia Hydrosol

Duft: frisch, würzig

Wirkung: Antibakteriell und entgiftend.

Johanniskrautöl

INCI: Oleum Hyperici

Johanniskrautöl ist kein Pflanzenöl im herkömmlichen Sinne, sondern ein Ölauszug (Mazerat) von Pflanzenteilen des Johanniskrauts – meist den Blüten. Traditionell wird als Basis für den Auszug Olivenöl verwendet.

Als medizinisches Hausmittel ist Johanniskraut für seine lindernde und heilende Wirkung bei z. B. Rheuma, Hexenschuss und Gicht, aber auch bei Verstauchungen und Blutergüssen bekannt.

Die kosmetische Wirkung ist beruhigend und heilend, speziell bei trockener bis hin zu entzündeter Haut. Allerdings sollte man Johanniskraut nicht auf Hautstellen auftragen, die danach der Sonne ausgesetzt sind, da es photosensibilisierend wirkt, das heißt, es steigert die Lichtempfindlichkeit der Haut, sodass die Haut danach sonnenbrandähnliche Symptome zeigt (Rötungen und Schwellungen).

Jojobaöl

INCI: Simmondsia Chinensis Oil

Jojobaöl ist kein Öl im eigentlichen Sinne, sondern ein flüssiges Wachs. Es wird aus den Samen eines immergrünen Strauchs aus der amerikanischen Sonora-Wüste gewonnen, dem Jojobastrauch.

Kaltgepresstes Jojobaöl ist von goldgelber Farbe und riecht fast nicht. Das macht es als Basisöl, besonders in der Aromatherapie, unverzichtbar. Generell ist es in der Kosmetik universell einsetzbar, da es sich für alle Hauttypen eignet und antiallergen ist. Es ist dem menschlichen Hauttalg sehr ähnlich, was dazu führt, dass sich das Wachs mit dem Hauttalg vermischt und einen dünnen Lipidfilm auf der Haut bildet, der die Feuchtigkeit der Haut bindet und reguliert – die Haut wird glatt und geschmeidig. Das Öl hinterlässt keinen Fettfilm. Außerdem stärkt es das Bindegewebe, beugt Faltenbildung vor und unterstützt bei Sonnenbrand den Heilungsprozess.

Jojobaöl ist fast unbegrenzt haltbar, wodurch oxidationsanfällige Öle von einer Mischung mit Jojobaöl profitieren. Zusätzlich hat es einen Sonnenschutzfaktor von vier.

Kaffeebohnenöl

INCI: Coffea Arabica Oil

Die Kaffeepflanze stammt ursprünglich aus den südwestlichen Bergwäldern Äthiopiens und wird heute hauptsächlich in Mittel- und Südamerika angebaut. Die Früchte des Kaffeestrauchs sind etwa kirschgroß und in unreifem Zustand grün, wechseln aber ihre Farbe während des Reifungsprozesses zu gelb und schließlich zu rot. In vollreifem Zustand sind sie violettschwarz. Eine Frucht enthält jeweils zwei Kerne – die wir getrocknet und geröstet als Kaffeebohnen kennen.

Die reifen Kaffeebohnen werden von Hand gepflückt und weiterverarbeitet. Es gibt zwei Arten von Kaffeeöl: zum einen das Öl der ungerösteten Rohkaffeebohnen, das von hellgelber Farbe ist und keinen besonderen Geruch aufweist, und zum anderen das Öl von gerösteten Kaffeebohnen, das ich verwende. Es hat eine dunkelbraune Farbe und weist den charakteristischen Kaffeeduft auf.

Kaffeebohnenöl kann durch Extraktion mit Diethyläther oder Petroläther oder durch CO_2-Extraktion gewonnen werden. Ich bevorzuge das CO_2-Extrakt, da bei der Extraktion mit Lösungsmitteln immer Rückstände enthalten sein können.

Kaffee-CO_2-Extrakt enthält Koffein, weswegen es sich besonders für durchblutungsfördernde, anregende Kosmetika wie z. B. Anti-Cellulite-Formulierungen eignet.

Kakaobutter

INCI: Theobroma Cacao Butter

Kakaobutter ist das Fett der Samen der Kakaopflanze. Es gibt verschiedene Formen im Handel: die unraffinierte Form, die einen starken Kakaogeruch aufweist, und die raffinierte, desodorierte Form, bei der der Geruch fast nicht mehr wahrnehmbar ist. Wenn Sie sich für eine der beiden Sorten entscheiden, sollten Sie unbedingt bedenken, dass die unraffinierte Kakaobutter auch bei hoher Parfumdosierung stark wahrnehmbar bleibt. Das mag passen, wenn Sie z. B. mit Vanilleduft arbeiten. Zu Rose und ähnlichen Blütendüften passt es allerdings weniger. Kakaobutter kommt meist in Form von Pellets in den Handel. Es gibt sie aber auch im Block oder als Pulver.

In Kakao sind mehr als 300 verschiedene Substanzen enthalten. In der Volksmedizin Mittelamerikas spielt Kakao eine wichtige Rolle und findet zahlreiche Anwendungsgebiete. Ein im Kakao neu entdeckter Stoff, das Cocoheal, soll wachstumsfördernd auf Zellen wirken, Falten vorbeugen und lindern – insbesondere die Falten um den Mund und um die Augen – und die Wundheilung fördern.

In der Kosmetik wird Kakaobutter als pflegender Zusatz in Cremes, Massagebars, Körperbutter und Badezusätzen verwendet. Seifen verleiht sie Festigkeit und eine glatte Textur. Sie macht die Haut weich und geschmeidig und ist ideal bei trockener, strapazierter Haut. Außerdem hilft sie, Schwangerschaftsstreifen vorzubeugen und schon vorhandene zu mildern.

Geschmolzene Kakaobutter braucht einige Tage, um ihre ursprüngliche Härte zurückzubekommen. Wird Kakaobutter zu stark erhitzt (über 35 °C), wird sie nicht mehr richtig fest werden bzw. der Schmelzpunkt sinkt. Außerdem sollte Kakaobutter langsam abkühlen dürfen. Lässt man sie zu schnell aushärten, z. B. im Kühlschrank, bildet sich eine instabile Kristallstruktur.

Viele Menschen reagieren mit zunehmendem Alter allergisch auf Kakaobutter. Es wird vermutet, dass bestimmte Proteine dafür verantwortlich sind.

Außerdem sollten Menschen mit fettiger Haut oder zu hoher Talgproduktion von Kakaobutter Abstand nehmen, da sie einen besonders hohen Fettgehalt hat. Kakaobutter kann, stärker als andere Öle, das LDL-Cholesterin enthalten, das unter anderem Arteriosklerose und Herzinfarkt verursachen kann.

Kamillenöl

Kokosnussöl

Lavendelöl

Kaktusfeigenkernöl

INCI: Opuntia Ficus Indica Seed Oil

Kaktusfeigenkernöl ist ein sehr hochpreisiges Öl, da die Herstellung sehr aufwendig ist. Das Öl schützt vor vorzeitiger Hautalterung, strafft die Haut und mildert Augenringe. Außerdem wirkt es feuchtigkeitsspendend und revitalisierend und hilft bei brüchigen Fingernägeln.

Kameliensamenöl

INCI: Camelia Oleifera Seed Oil

Kameliensamenöl wird aus den Früchten des Teestrauchs (Camelia sinensis) gewonnen, weshalb es auch Teesamenöl genannt wird. Kameliensamenöl besitzt eine ähnliche Zusammensetzung wie Haselnussöl, zieht schnell in die Haut ein und wird in seiner Heimat ähnlich wie Olivenöl genutzt.

Außerdem besitzt es die Fähigkeit, Wirkstoffe in die Haut zu schleusen. Es wird bei sensibler, trockener und zu Irritationen neigender Haut verwendet. Geishas verwenden Kameliensamenöl seit Jahrhunderten. Es ist ihr Geheimnis für schöne Haut und glänzendes, volles Haar.

Kamillenöl

INCI: Matricaria Recutica L.

Es gibt verschiedene Kamillearten: die Echte Kamille und die Römische Kamille. Ätherisches Öl der Echten Kamille erkennen Sie an seiner blauen Farbe. Diese Farbe entsteht, weil sich bei der Wasserdampfdestillation der Kohlenwasserstoff Azulen (von spanisch „azul“ für blau) bildet. Deshalb wird dieses Öl oft auch als Kamille blau bezeichnet. Es gibt nur ein anderes ätherisches Öl, welches diese Blaufärbung aufweist: das Öl der Schafgarbe. Kamille blau hat einen beruhigenden, krautigen Duft. Römisches Kamillenöl hingegen hat eine gelbe bis goldene Färbung und einen süßeren Duft.

Die herausragendste Fähigkeit der Kamille ist ihre entzündungshemmende, wundheilende Wirkung. In Kosmetika hilft sie bei Hautunreinheiten, Akne und anderen entzündlichen Prozessen der Haut. Außerdem ist Kamille ein beliebtes Öl in der Baby- und Kinderpflege. Kamillenöl riecht besonders gut in einer Mischung mit Mandarine und Honig. Echtes Kamillenöl ist sehr teuer: 5 ml kosten ca. 10 Euro.

Es gibt auch ein Fettes Öl, das unter dem Namen Kamillenöl gehandelt wird. Hierbei handelt es sich um ein Mazerat. Das heißt, dass Kamillenblüten in Öl gelegt werden und dort für einige Wochen verbleiben, bis sie ihre Wirkstoffe abgegeben haben. Das wohl bekannteste Öl, das auf diese Weise hergestellt wird, ist das Johanniskrautöl. Mazerate lassen sich ganz einfach zu Hause herstellen (siehe Mazerate).

Karnaubawachs

INCI: Copernicia Prunifera

Dieses pflanzliche Wachs wird vor allem in dekorativer Kosmetik wie Kajal, Mascara oder Lippenstiften eingesetzt und verleiht diesen Stabilität auch bei höheren Temperaturen. Besonders in wasserfester Schminke wird oft Karnaubawachs verwendet, da es einen wasserfesten Film bildet und so bei Kontakt mit Wasser die Schminke nicht verwischt.

Seit einiger Zeit wird das Wachs, das einen weit höheren Schmelzpunkt (82 bis 85,5 °C) als z. B. Bienenwachs hat, auch in der Haut- und Haarpflege verwendet. Es macht die Haut elastisch, weswegen es unter anderem in Anti-Falten-Cremes zu finden ist. In Haarpflegeprodukten verleiht es dem Haar Glanz und Sprungkraft.

Kaolin (weiße Tonerde)

siehe Ghassoul

Kieselsäure

INCI: Silica

Kieselsäure ist der einzige Gelbildner, mit dem sich klare Ölgele herstellen lassen. Es gibt zwei unterschiedliche Arten von Kieselsäure. Die hier im Buch verwendete hat eine sehr geringe Teilchengröße und kann große Mengen Wasser an sich binden. Sie ist sehr fein und leicht und sollte nur mit Mundschutz verarbeitet werden. Eine andere wichtige Eigenschaft der Kieselsäure ist, dass sie bis zu 40 Prozent ihres Gewichts an Wasser binden kann, ohne ihre Rieselfähigkeit zu verlieren. Daher wird sie gerne in Pudern verwendet, in denen sie außerdem die Gleitfähigkeit des Puders verbessert. Verwechseln Sie beim Kauf nicht Kieselerde und Kieselsäure. Es handelt sich um unterschiedliche Produkte.

Kokosnussöl

INCI: Cocos Nucifera Oil

Kokosnussöl wird aus dem Fruchtfleisch der Kokosnuss gepresst, das zu ca. 70 Prozent aus Fett besteht. Charakteristischerweise ist Kokosnussöl bei Zimmertemperatur fest, daher wird es oft auch als Kokosfett bezeichnet. Der Schmelzpunkt liegt bei etwa 23 bis 26 °C.

Kokosnussöl dringt schnell in die Haut ein, wenn auch nur oberflächlich. Es erzeugt ein nicht fettendes, kühlendes und weiches Hautgefühl. Allerdings gehört Kokosnussöl zu den komedogenen Ölen, was bedeutet, dass es die Talgdrüsen der Haut verstopfen kann. Daher sollte man es bei unreiner Haut besser nicht benutzen und stattdessen lieber Babassuöl verwenden.

In der Kosmetik findet man Kokosnussöl in Badepralinen, Massagebars, Lippenpflegestiften und in der Haarpflege. In Indien gehört Kokosnussöl zur täglichen Körperpflege. Die Frauen kneten es sich in die Haare, um diese vor dem Austrocknen durch die Sonne zu schützen.

Kokossahne

INCI: Cocos Nucifera

Ähnlich wie Kokosöl wirkt Kokossahne pflegend und macht die Haut weich und geschmeidig. Ersatzweise können Sie auch Kokosmilch verwenden.

Kollagen

INCI: Hydrolyzed Collagen

Kollagen ist ein Faserprotein im Bindegewebe des Menschen, wo es in nativer Form vorkommt. Es verbessert die Feuchtigkeitsaufnahme und wirkt gegen Falten. Es darf nicht über 40 °C erhitzt werden. Die Einsatzkonzentration beträgt zwischen 0,5 und 1 Prozent.

Lamepon S (Kollagentensid)

INCI: Potassium Cocoyl, Hydrolyzed Collagen

Kollagentensid ist ein nichtionisches Tensid aus Glucose, die aus Mais hergestellt wird, und Fettalkoholen aus Kokos- und Palmkernöl. Sie werden zusammen mit hydrolysiertem Kollagen zu einem milden Tensid vereint. Es hat eine hellgelbe bis dunkelgelbe Farbe und einen pH-Wert von sechs bis sieben.

Kollagentensid ist ausgesprochen mild und reizarm, obwohl es gute Schaumeigenschaften hat. Es findet als Basistensid in Duschgelen, Shampoos und Waschlotionen Anwendung. Einsatzmenge: bis 80 Prozent in der Tensidmischung.

Der Anteil waschaktiver Substanzen (WAS) liegt bei 30 Prozent.

Macadamianussöl

Mandelöl

Mangobutter

Melissenöl

Milchpulver

Nachtkerzenöl

Lanolin

INCI: Lanolin Anhydrit oder Adeps Lanae

Lanolin, auch Wollfett oder Wollwachs genannt, wird in den Talgdrüsen von Schafen gebildet und schützt die Wollfasern des Fells. Es ist sehr zähflüssig, von gelblich-brauner Farbe und riecht eindeutig, wenn auch nicht unangenehm, nach Schaf. Lanolin kann ein Vielfaches seines Eigengewichts an Wasser binden und ist ein guter Emulgator für Cremes mit hoher Fettphase wie beispielsweise Coldcreams. Allerdings ist die Herstellung einer solchen Creme recht zeitaufwendig, da die Flüssigkeit tröpfchenweise von Hand untergerührt werden muss. Außerdem muss bis zum vollständigen Erkalten gerührt werden, da es sonst zu einer Phasentrennung kommen kann.

Lanolin zieht gut in die Haut ein und macht sie wunderbar weich. Der Schmelzpunkt liegt bei 40 °C, die Haltbarkeit beträgt ein Jahr oder mehr. Auch hier gilt, dass Sie nach Möglichkeit Bioqualität kaufen sollten, da Schafe mit Pestiziden gegen Ungeziefer behandelt werden, die sich in der Haut ablagern und so in das Lanolin gelangen können. Und falls Sie das Lanolin in der Apotheke kaufen möchten, beachten Sie bitte, dass es ein Produkt namens Lanolin DAB gibt. Dieses ist kein reines Lanolin, sondern eine Mischung aus 65 Prozent Lanolin, 15 Prozent Paraffin und 20 Prozent Wasser. Die Einsatzkonzentration von Lanolin liegt in der Regel bei drei bis acht Prozent, in Salben bei bis zu 50 Prozent.

Lanolinersatz

INCI: Oleic/Linoleic/Linolenic Polyglycerides

Lanolinersatz ist eine zähflüssige Masse, die Ähnlichkeit mit flüssigem Honig hat. Es besteht aus Polyglycerinfettsäuren, die aus Sonnenblumenöl gewonnen werden. Es verleiht Lipgloss einen schönen Glanz, kann aber auch als feuchtigkeitsspendender Co-Emulgator in Cremes verwendet werden. Es ist wasser- und öllöslich.

Die Einsatzkonzentration in Cremes beträgt zwei bis zehn Prozent, die Einsatzkonzentration in Balsamen liegt bei zwei bis 30 Prozent.

Lavendelöl

INCI: Lavendula Augustifolia

Eines der meist verwendeten ätherischen Öle ist Lavendelöl. Es wirkt beruhigend, entzündungshemmend und durchblutungsfördernd. Lavendelöl ist eines der wenigen ätherischen Öle, das man pur auftragen kann. Hierbei sei seine sehr gute Wirkung bei Insektenstichen und Verbrennungen erwähnt. Pur auf einen Wespenstich aufgetragen, schwillt dieser erst gar nicht an und schmerzt auch fast nicht. Selbst bei großflächigeren Verbrennungen – etwa durch verschüttete heiße Flüssigkeit – habe ich schon erlebt, dass Lavendelöl den Heilungsprozess deutlich sichtbar beschleunigt hat.

Lamecreme

INCI: Glyceryl Stearate, Glyceryl Stearate Citrate

Lamecreme ist ein Mischemulgator. Mit ihm lassen sich sowohl O/W- als auch W/O-Emulsionen herstellen, je nach Anteil der Fett- bzw. Wasserphase. Unter 50 % Fettphase bilden sich O/W-Emulsionen, darüber W/O-Emulsionen. Lamecreme in Cremes erzeugt ein sehr schönes, durchfeuchtendes Hautgefühl. Allerdings sind die Cremes stark filmbildend, weswegen ich diesen Emulgator hauptsächlich für Nachtcremes verwende. Die schönsten Cremes bekommt man mit einer Fettphase um die 35 Prozent.

Die Verarbeitung ist einfach: Der Emulgator wird zusammen mit den Fetten auf 65 °C erhitzt. Dann wird das abgekochte, auf 65 °C abgekühlte Wasser schlückchenweise in die Fettphase gegeben und untergerührt. Die Einsatzkonzentration liegt bei vier bis fünf Prozent. Lamecreme ist ein toller Co-Emulgator für pH-Wert-empfindliche Emulgatoren wie Glycerinstearat SE oder Tegomuls.

Lamesoft®

INCI: Coco Glucoside (and) Glyceryl Oleate

Lamesoft® ist ein sehr mildes Tensid, das meist in Kombination mit Plantapon® SF verwendet wird. Es sorgt dafür, dass das Plantapon® andickt. Es wird als Co-Tensid und Rückfetter in Shampoos, Duschgel, Badrezepturen und Babyprodukten angewendet.

Lipodermin

INCI: Aqua, Lecithin, Alcohol, Carthamus Tinctorius

Liposome sind mikroskopisch kleine, innen hohle Kügelchen aus Lecithin. Sie sind in ihrem Aufbau der Hautzelle sehr ähnlich, weshalb Lipodermin für die Kosmetik von großer Bedeutung ist.

Die im Lipodermin enthaltenen Liposomen sind in der Lage, Antifaltenwirkstoffe, Vitamine oder Pflanzenextrakte aufzunehmen und in die tieferen Hautschichten (ins Stratum corneum) zu transportieren. Das Phosphatidylcholin im Lipoderminkonzentrat wird aus Soja gewonnen und kann als pflegende und feuchtigkeitspendende Substanz sowie als Antifaltenwirkstoff in Kosmetika wie z. B. Cremes, Körperlotionen und Duschgel eingearbeitet werden. Sehr gut hat sich Lipodermin-Konzentrat zum Einsatz gegen Hautunreinheiten bewährt. Hierzu trägt man das Konzentrat pur auf die entsprechenden Hautpartien auf.

Die Einsatzkonzentration in Produkten für unreine Haut liegt bei 15–30 Prozent.

Als Antifaltensubstanz wird Lipodermin in einer Konzentration von fünf bis zehn Prozent verwendet.

Low-Luster-Pigment (Ronaflair™)

INCI: Mica (A: >50 Prozent); CI77120 (Barium Sulfate) (B: 25–50 Prozent); CI77891 (Titanium Dioxide)

Low-Luster-Pigment (LLP) besteht aus feinem Glimmer, der mit einer Mischung aus Bariumsulfat und Titandioxid beschichtet ist. Durch die Beschichtung wird das Licht diffus gestreut. Durch Einarbeitung dieses Füllstoffes in Make up und getönte Tagescremes wird die Sichtbarkeit von Hautfältchen deutlich verringert. Die Einsatzkonzentration beträgt 1 bis 10 Prozent.

Lysolecithin

INCI: Lecithin [E322]

Lysolecithin ist ein Emulgator pflanzlichen Ursprungs. Er wird aus Soja hergestellt, hat eine zähflüssige Konsistenz und eine bräunliche Farbe. Er eignet sich wegen seiner emulgierenden Eigenschaften für Badezusätze aller Art. Daneben wird er auch als pflegender Zusatz in Duschgels und Shampoos verwendet.

Lysolecithin kann kalt verarbeitet werden. Nachteile sind seine Farbe und sein etwas eigentümlicher Geruch, den manche Menschen als unangenehm empfinden. Eingesetzt wird er, wenn man einen Fettrand in der Badewanne vermeiden möchte. Diese Gefahr besteht, wenn keine anderen emulgierenden Zutaten (wie z. B. Milchpulver und/oder Honig) im Rezept enthalten sind.

In Badezusätzen (Ölbäder, Showermelts, Badepralinen u. Ä.) beträgt die Einsatzkonzentration ca. zehn Prozent.

Lysolecithin ist oxidationsanfällig. Daher sollte es dunkel, kühl und gut verschlossen gelagert werden. Dann ist es in der Regel 18 Monate haltbar.

Macadamianussöl

INCI: Macadamia Ternifolia Oil

Macadamianussöl wird aus den Früchten des Macadamiabaums gewonnen. Die Macadamianüsse bestehen zu 70 Prozent aus Öl. Das Macadamianussöl hat eine hellgelbe Farbe, riecht leicht nussig und schmeckt sehr gut.

Macadamianussöl zieht sehr gut in die Haut ein, was es besonders für Massageöle attraktiv macht. Außerdem besitzt es die Eigenschaft, andere Stoffe (z. B. ätherische Öle) mit in die Haut zu transportieren. Macadamianussöl wirkt regenerierend und hautglättend und ist besonders bei trockener, spröder Haut zu empfehlen.

Magnesiumstearat

INCI: Magnesium Stearate

Magnesiumstearat ist ein ungiftiges Magnesiumsalz. Als feingemahlenes, weißes Pulver wird es Puder und Make up beigegeben. Es erhöht die Haftfestigkeit der Kosmetika.

Mandelkleie

INCI: Almond Bran

Mandelkleie ist ein Nebenprodukt bei der Mandelölherstellung. Sie wird als mildes Peeling in Waschcremes für Körper und Gesicht verwendet. Mandelkleie verfeinert das Hautbild und soll besonders bei entzündlichen Hauterkrankungen wie Akne helfen.

Mandelöl

INCI: Prunus Amygdalus Dulcis Oil

Mandelöl ist ein mildes, gut verträgliches Öl, das sich vielseitig einsetzen lässt. Es eignet sich für alle Hauttypen, auch für Babyhaut. Ähnlich wie Aprikosenkernöl zieht es sehr gut in die Haut ein und besitzt die Fähigkeit, andere Stoffe in die tieferen Hautschichten zu transportieren.

Mandelöl besitzt einen sehr geringen Eigenduft. Dadurch ist es besonders für Aromakosmetik geeignet, da es den Duft der ätherischen Öle nicht verfälscht.

Bei Mandelöl sollten Sie unbedingt etwas mehr Geld investieren und kalt gepresstes Öl oder Öl mit Lebensmittelqualität wählen. Mandelöl mit kosmetischer Qualität wird oft mit Sonnenblumenöl gestreckt, worauf häufig nicht extra hingewiesen wird. Bei Naturkosmetik erkennen Sie die Streckung mit Sonnenblumenöl, dass direkt nach dem Mandelöl Sonnenblumenöl deklariert ist.

Auch für Ölauszüge (Mazerate) ist Mandelöl eine gute Wahl. Allerdings sollte das Mazerat sofort verwendet werden, da Mandelöl, zumindest das kaltgepresste, nur begrenzt haltbar ist.

Mangobutter

INCI: Mangifera Indica (Seed) Butter

Der Mangobaum ist eine der ältesten Kulturpflanzen überhaupt. Er wurde bereits vor 4000 Jahren kultiviert. Seine Heimat erstreckt sich von Indien bis Burma, er wird aber in allen tropischen und subtropischen Ländern angebaut. Der Mangobaum kann viele hundert Jahre alt werden.

Zunächst werden die Früchte in der Sonne getrocknet. Dann wird die harte Schale von Hand geknackt, um an die winzigen Samen zu gelangen, aus denen die Butter hergestellt wird. Diese wird mit Lösungsmittel (Hexan) extrahiert und anschließend raffiniert. Die Mangobutter hat eine Farbe wie Elfenbein und einen milden Geruch.

Mangobutter hat regenerierende, heilende und rückfettende Eigenschaften. Sie verleiht Bodybutter, Bodymelts und Lippenbalsam eine ganz besondere Textur. Die Haut wird weich und geschmeidig und auch trockenes Haar profitiert von den Eigenschaften der Mangobutter.

Mangobutter wird oft zur Herstellung von hochwertigen Seifen und als Ersatz für Paraffin verwendet. Sie ist bei kühler Lagerung ca. ein Jahr haltbar.

Mazerat (Ölauszug)

Mazerate sind Auszüge frischer oder getrockneter Pflanzenteile in Öl. Fertige Mazerate sind häufig auf Sojaölbasis, da dieses ein günstiges Trägeröl ist.

Wenn Sie selbst einen Ölauszug machen möchten, empfehle ich, Oliven- oder Jojobaöl als Trägeröl zu verwenden.

Für 500 ml Öl brauchen Sie ca. 250 g getrocknete oder 750 g frische Pflanzenteile. Wenn Sie den Auszug mit frischen Pflanzen machen, wird das Öl allerdings sehr wahrscheinlich durch das enthaltene Wasser schnell ranzig.

Die Herstellung ist einfach:

Für einen Kaltauszug

Befüllen Sie ein großes Glas (mit gut schließendem Deckel) mit den kleingeschnittenen Pflanzenteilen. Dann füllen sie es mit Oliven- oder Jojobaöl randvoll auf und stellen es für drei Wochen auf eine sonnige Fensterbank. Danach gießen Sie das Öl durch eine Stoffwindel oder ein Seihtuch und drücken dieses gut aus.

Jetzt wiederholen Sie den Vorgang mit neuen Pflanzenteilen (drei bis vier Mal), nehmen aber das bereits gewonnene Mazerat. Das Mazerat ist je nach gewünschter Konzentration nach drei bis sechs Wochen fertig. Schütteln Sie den Behälter mit dem Ansatz täglich.

Für einen Heißauszug

Hierfür geben Sie die kleingeschnittenen Pflanzenteile zusammen mit dem Öl in eine Schüssel (am besten aus Glas) und stellen diese in einen Topf mit kochendem Wasser. Lassen Sie die Mischung für ca. drei Stunden im Wasserbad. Zum Schluss wird der Ansatz wieder durch ein Seihtuch geschüttet und ausgepresst. Beim Heißauszug werden die Pflanzenteile auch drei bis vier Mal ausgetauscht. Nach dem Abseihen bzw. Pressen ist das Mazerat fertig.

Am besten bewahren Sie Mazerate in luftdicht verschlossenen Braunglasflaschen auf. So verpackt halten sie am längsten.

Olivenöl

MCT-ÖL (Neutralöl)

INCI: Caprylic / Capric Triglyceride

Neutralöl ist ein reizfreies, oxidativ stabiles Öl, das sich gut auf der Haut verteilen lässt und schnell einzieht, ohne einen Fettfilm zu hinterlassen. Es eignet sich speziell für sensible oder neurodermitische Hautzustände, da es nicht tief in die Hautschichten eindringt und so ein Interagieren mit den Lipiden der Barriereschicht vermieden wird. Am ehesten lässt sich MCT-Öl mit Squalan vergleichen bzw. durch dieses ersetzen.

Pfirsichkernöl

Melissenöl

INCI: Melissa Officinalis L.

Zitronenmelisse – fast jeder kennt sie und bei vielen von uns wächst sie im eigenen Garten oder auf dem Balkon. Auch wenn die Zitronenmelisse weit verbreitet ist und von manchen als Unkraut empfunden wird, ist das ätherische Öl der Zitronenmelisse oder der Echten Melisse eines der kostbarsten Öle, die es gibt.

Der Grund: Für die Herstellung eines Liters des ätherischen Öls per Wasserdampfdestillation werden 7000 kg Pflanzenmaterial benötigt. Nur 1 ml ätherisches Öl kostet zwischen 15 und 20 Euro. Das auch häufig als Melisse bezeichnete Citronellaöl (Melissa indicum) oder Lemongrasöl (Cymbopogon citratus) wird oft zum Strecken benutzt, kann aber mit dem feinen Duft der Echten Melisse keinesfalls mithalten.

Pflaumenkernöl

Die Zitronenmelisse wird seit mehr als 2000 Jahren als Heilpflanze verwendet und findet auch heute in der Aromatherapie vielfach Anwendung. Sie hat eine ausgeprägt antivirale, fungizide und antimikrobielle Wirkung und wird zur Behandlung von verschiedenen Herpesarten, gegen Ekzeme und zur Wundbehandlung verwendet.

Auf seelischer Ebene wirkt sie stimmungsaufhellend, erfrischend und ausgleichend. Ihr Duft beruhigt die Nerven und hilft bei Schlaflosigkeit. Verwenden Sie Melissenöl für entspannende Massageöle oder Ölbäder.

Milchpulver

INCI: Lac

Heutzutage gibt es eine große Auswahl an Milchpulvern. Alleine aus Kuhmilch hergestellt gibt es Magermilch-, Vollmilch-, Joghurt-, Molke- und Buttermilchpulver. Außerdem gibt es Schaf- und Ziegenmilchpulver, die einen wesentlich höheren Fettgehalt haben und sich wunderbar für Badezusätze aller Art eignen.

Insbesondere für Menschen mit Hautproblemen ist Ziegenmilch eine wahre Wohltat. Sie ist reich an Vitaminen und Mineralstoffen. Die in ihr enthaltene Linolsäure wirkt sich positiv auf Wachstum und Funktion der Zellstruktur aus. Schafmilch enthält die Vitamine A, D und E und wirkt beruhigend auf die Haut.

Wer es noch etwas luxuriöser mag, nimmt Stuten- oder Eselsmilch. Stutenmilch ist etwas einfacher zu bekommen als Eselsmilch und beide sollen innerlich und äußerlich angewendet gegen Neurodermitis helfen. Wer hin und wieder in Holland ist, sollte sich unbedingt mal auf die Suche nach Milchpulvern machen – man findet mit Glück ausgefallene Produkte wie Kamel- oder Elchmilch zu bezahlbaren Preisen.

Milchsäure (80 Prozent)

INCI: Lactic Acid

Milchsäure kommt in natürlicher Form im Hydro-Lipid-Film der Haut vor. Sie dient dort neben anderen Substanzen dem Erhalt des Säureschutzmantels. In Kosmetika wird sie meist in sehr geringen Dosen zum Einstellen des pH-Wertes verwendet.

Die Einsatzkonzentration liegt zwischen 0,1 und einem Prozent.

Montanov™ S

INCI: Cocoglucoside, Coconut Alkohol

Montanov™ S ist ein natürlicher Co-Emulgator, der beim Stabilisieren von Emulsionen hilft. Es ist besonders geeignet für cremige Texturen in Tensid-Umgebung und zum Geschmeidigmachen von Schaum. Es wird in der heißen Wasserphase aufgelöst. Die Einsatzkonzentration beträgt 1,5 Prozent.

Mulsifan

INCI: Laureth-4

Mulsifan ist ein synthetischer Emulgator, der sehr gut für Badeöle oder andere fetthaltige Badezusätze geeignet ist. Er ist fettlöslich und besitzt eine ausgesprochen hohe Emulgierfähigkeit. Die Einsatzkonzentration liegt zwischen fünf und 20 Prozent, wobei ich fünf Prozent als absolut ausreichend empfinde. Mulsifan ist wegen seiner Farb- und Geruchlosigkeit dem Lysolecithin manchmal vorzuziehen.

Nachtkerzenöl

INCI: Oenothera Biennis Oil

Die Nachtkerze stammt ursprünglich aus Nordamerika und wurde vor ca. 400 Jahren nach Europa gebracht. Das Nachtkerzenöl wird aus ihren Samen gepresst, die zu etwa 27 Prozent Öl enthalten. Nachtkerzenöl ist eines der wenigen Öle, die erfolgreich gegen Neurodermitis und Schuppenflechte eingesetzt werden, was auf die große Menge an Linol- und Gamma-Linolensäure zurückzuführen ist.

Nicht raffiniertes Nachtkerzenöl ist leider nur sehr begrenzt haltbar und wird daher häufig schon mit Tocopherol (Vitamin E) versetzt in den Handel gebracht.

Natriumbicarbonat/Natron

INCI: Sodium Bicarbonato

Natron ist eine der Hauptzutaten in Badebomben und besser bekannt unter dem Namen Kaisernatron, welches man im Backregal eines jeden Supermarktes findet. Es ist außerdem eine der Zutaten von herkömmlichem Backpulver. Warum nun also Backpulver ins Badewasser geben? Zunächst einmal ist es leicht alkalisch und macht somit das Wasser weich. Aber wichtiger ist wohl die Reaktion, die es in Verbindung mit Zitronensäure im Wasser hat: Es sprudelt.

Im Handel sind noch zwei andere Rohstoffe erhältlich, die häufig wegen des gängigen Überbegriffs Natron miteinander verwechselt werden: Zum einen das stark ätzende Natriumhydroxid (NaOH), das unter anderem zur Seifenherstellung benötigt wird und keinesfalls in Badezusätzen verwendet werden darf. Und zum anderen Natriumcarbonat oder Waschsoda, das man wie Waschpulver verwendet und das in Kosmetik ebenfalls fehl am Platz ist.

Natriumlaktat

INCI: Sodium Lactate

Natriumlaktat ist das Salz der Milchsäure. Es ist neben Urea und Glycerin Bestandteil des natürlichen Feuchtigkeitsfaktors der Haut. Es hat hauptsächlich zwei Funktionen: erstens wird es in Verbindung mit Milchsäure als pH-Puffer in Rezepturen, die Urea enthalten, eingesetzt und zweitens kann es auch ohne Urea in Verbindung mit Milchsäure verarbeitet werden, da es auch selbst gute hydratisierende Eigenschaften besitzt. Die Dosierung hängt davon ab, in welcher Form das Natriumlaktat zur Verfügung steht. In Pulverform werden ein Prozent Natriumlaktat mit 0,5 Prozent Milchsäure (80-prozentig) verarbeitet.

Neemöl

INCI: Melia Azadirachta Oil

Neemöl hat antibakterielle, fungizide und antivirale Wirkung. Durch das enthaltene Triterpenoid Azadirachtin findet es als natürliches Insektizid und zur Behandlung von Pflanzenkrankheiten Verwendung. Neemöl kann auch als natürliches Mittel gegen Ungeziefer und Parasiten bei Mensch und Tier genutzt werden. In der Kosmetik kann es zur Herstellung diverser Produkte wie Cremes, Seifen, Lotionen und Nagelölen verwendet werden. Achtung: Orale Aufnahme von Neemöl kann schon in kleinen Mengen zu akuten Vergiftungen führen.

Olivem® 900

INCI: Sorbitan Olivate

Olivem® ist ein besonders hautverträglicher, aus Olivenöl bestehender W/O-Emulgator. Er eignet sich zur Herstellung von Cremes mit sehr hoher Fettphase (ab 50 Prozent) oder für reichhaltige Ölgele mit einem Ölanteil zwischen 70 und 90 Prozent. Olivem® ist eine gute Alternative zu Lanolin und Wollwachs und wird auch genauso verarbeitet. Das bedeutet, dass die Fett- und Wasserphasen zunächst auf 80 °C erhitzt werden. Das Wasser wird dann tröpfchenweise zur Fettphase gegeben und eingearbeitet. Es wird erst wieder Wasser hinzugegeben, wenn das Wasser vollständig emulgiert ist. Die Emulsion muss bis zum Erkalten langsam gerührt werden, anderenfalls können sich die Phasen wieder trennen. Die Einsatzkonzentration von Olivem® liegt bei zehn bis 13 Prozent in der Fettphase von Cremes und bei bis zu

Preiselbeersamenöl

Ringelblumenöl

Rizinusöl

30 Prozent in Ölgelen. Cremes, die mit diesem Emulgator hergestellt werden, wirken rückfettend und einhüllend, ohne dabei zu kleben.

Olivenöl

INCI: Olea Europaea Oil

Kaum ein Öl ist so bekannt wie Olivenöl. Quasi jeder hat eine Flasche davon in der Küche stehen. Für die Anwendung in der Kosmetik gilt dasselbe Prinzip wie beim Essen: Nur das kaltgepresste Olivenöl mit der Bezeichnung „nativ extra“ hat all die guten Eigenschaften, die Olivenöl nachgesagt werden. Daher beim Kauf immer auf diese Bezeichnung achten.

Olivenöl ist traditionell das Trägeröl für Mazerate. Das bekannteste ist das tiefrote Johanniskrautöl. Außerdem wird es gerne als Basisöl für Heilsalben verwendet, da es entzündungshemmend wirkt und durch seinen relativ hohen Tocopherolanteil lange (bis zu zwei Jahre) haltbar ist.

Olivenöl zieht nur sehr langsam in die Haut ein und weicht die Haut auf, weswegen es für raue, schuppige Haut sehr geeignet ist. Auf verschorfte Wunden aufgetragen, weicht es den Schorf auf, sodass dieser wesentlich schneller abfällt.

Wem der Geruch des Olivenöls zu stark ist, der kann es zu gleichen Teilen mit Macadamianussöl mischen. Der Geruch soll dadurch neutralisiert werden.

Optiphen

INCI: Phenoxyehanol (and) Caprylyl Glycol

Optiphen ist ein parabenfreies Konservierungsmittel, das sowohl in basischem als auch in saurem pH-Bereich wirksam konserviert. Die Einsatzkonzentration beträgt 0,5 bis 1,5 Prozent. Sie können es bis 60 °C verarbeiten. Damit konservierte Produkte halten ca. sechs Monate.

D-Panthenol

INCI: Panthenol

Panthenol oder Dexpanthenol ist eine Vitamin-B-Vorstufe (Provitamin B5) und an regenerativen Stoffwechselprozessen der Haut beteiligt. Es ist eine durchsichtige, dickflüssige, klebrige Flüssigkeit und wegen seiner Verträglichkeit in vielen kosmetischen Produkten zu finden. Am bekanntesten ist Panthenol-Wund- und Heilsalbe, aber auch in Pflegeprodukten für Babys ist Panthenol zu finden.

Es wirkt wundheilend, entzündungshemmend und regenerierend, verbessert die Elastizität der Haut und hilft ihr, Wasser zu speichern.

Die Einsatzkonzentration beträgt ein bis fünf Prozent, liegt aber als kosmetischer Wirkstoff verwendet eher bei bis zu zwei Prozent, da höhere Konzentrationen bereits einen therapeutischen Zweck erfüllen, wie z. B. Wundheilung.

Da Panthenol hitzeempfindlich ist, sollten Sie es auf maximal 30 °C erwärmen.

Papayaöl

INCI: Carica Papaya Oil

Das in der Papaya enthaltene Enzym Papain soll abgestorbene Hautschüppchen und -partikel aufweichen und ablösen, ohne die gesunde, durchblutete Haut anzugreifen. Papayaöl zieht leicht in die Haut ein und ist gut geeignet bei fettiger Haut, Pickeln und Akne. Es verhindert das Austrocknen des Haars und gibt ihm Glanz und Kraft.

Paraben K

INCI: Methyl Paraben, Propylparaben, Benzylalcohol

Der Konservierungsstoff Paraben K ist eine Mischung zweier für die Bio-Kosmetik geeigneter Konservierungsstoffe mit einem antimikrobiellen Duftstoff. Die Bezeichnung Paraben stammt von den enthaltenen Para-Hydroxybenzoesäureestern. In der Natur kommen die Ester und Glukoside der Para-Hydroxybenzoesäure in fast allen Gewürzen und Pflanzenpigmenten vor. Auch ein Tier ist bekannt, das eine paraben-ähnliche Substanz im eigenen Körper produziert, nämlich der Gelbrandkäfer. Er lebt in ständig feuchter Umgebung und hält mit dieser Substanz Schimmelerreger fern.

Paraben K sollte immer dann zum Einsatz kommen, wenn Sie Rezepturen mit proteinhaltigen Wirkstoffen wie z. B. Milchprodukten, Kollagen oder Elastin verwenden. Der optimale pH-Bereich für die Wirksamkeit von Methyl- und Propylparaben liegt zwischen pH 6 und pH 8 (neutraler Bereich).

Ein Tropfen Paraben K auf 10 g fertiges Kosmetikprodukt sorgt für eine Haltbarkeit von ca. sechs Wochen, bei Verwendung von zwei Tropfen Paraben K auf 10 g Produkt rechnet man mit einer Haltbarkeit von drei Monaten. Eiweißstoffhaltige Cremes sind nur etwa halb so lange haltbar. Wesentlich länger sollte man seine selbstgemachte Kosmetik auch nicht haltbar machen.

Perlenpuder

INCI: Margarita Powder

Perlenpuder verlangsamt den Alterungsprozess der Haut und wird als Anti-Falten-Wirkstoff eingesetzt. Perlenpuder wird einfach in die fertige Formulierung eingerührt. Die Einsatzmenge beträgt zwischen 1 bis 3 Prozent.

Perlatin

INCI: Glycol Distearate, Sodium Laureth Sulfate, Cocamide MEA, Laureth-10

Perlatin verleiht Shampoos, Duschölen und Duschgelen einen Perlmuttschimmer. Die Einsatzmenge beträgt 2 Prozent.

Pfirsichkernöl

INCI: Prunus Persica [Kernel] Oil

Der Pfirsich stammt aus China und kam über Persien nach Europa. Das Öl wird aus dem inneren (weichen) Kern mithilfe eines Lösungsmittels extrahiert. Pfirsichkernöl hat eine hellgelbe Farbe und duftet schwach nussig mit einem Hauch von Mandel. In seiner Wirkung auf die Haut verhält sich Pfirsichkernöl ähnlich wie Mandelkernöl und wird auch häufig zum Strecken dieses teureren Öls verwendet. Pfirsichkernöl hilft bei trockener, schuppiger oder rissiger Haut, und auch reife Haut kann von ihm profitieren.

Pflaumenkernöl

INCI: Prunus Domestica Seed Oil

Das beste an kaltgepresstem Pflaumenkernöl ist definitiv sein Duft – es riecht nämlich nach Marzipan, und zwar sehr intensiv. Mann kann damit gut nach Marzipan schmeckende Lipbalms oder Lippenpeelings (mit Öl und Zucker) herstellen. Lippen abschlecken ist in diesem Fall also unbedingt erlaubt.

Pflaumenkernöl wird wie Aprikosen- oder Pfirsichkernöl aus dem weichen, inneren Kern des Steins hergestellt. Es wirkt hautglättend und schützt die Haut vor freien Radikalen. Besonders für die zarte Haut um die Augen und die Lippen ist es geeignet. Es enthält viel Tocopherol und ungesättigte Fettsäuren und ist bei guter Lagerung bis zu anderthalb Jahre haltbar.

Phenonip

INCI: Phenoxyethanol, Methylparaben, Ethylparaben, Butylparaben, Propylparaben, Isobutylparaben

Phenonip ist ein synthetisches Konservierungsmittel, mit dem man sicher und lange (bis zu zwei Jahre) konservieren kann. Es lässt sich sehr unkompliziert verarbeiten und wirkt von pH 3 bis pH 8. Unempfindlich gegen Hitze, lässt sich Phenonip mit fast allen Rohstoffen verarbeiten. Die Einsatzkonzentration variiert zwischen 0,25 und einem Prozent. Für wasserhaltige Badezusätze und Shampoos reichen meist 0,25 Prozent. Die höheren Konzentrationen werden nur bei Produkten benötigt, die von Natur aus schwer zu konservieren sind, wie z. B. Formulierungen mit hohem Proteinanteil. Für Emulsionen (O/W und W/O) empfiehlt der Hersteller eine Einsatzkonzentration zwischen 0,4 und 0,7 Prozent. Phenonip wird einfach in die kalte oder warme Emulsion eingerührt.

Phytolanolin

INCI: Oleic/Linoleic/Linolenic polyglycerides

Phytolanolin ist die pflanzliche Alternative zu Lanolin. Es verleiht Lippgloss einen schönen Glanz und sorgt dafür, dass der Gloss gut an den Lippen haftet.

Piroctón Olamin

INCI: Piroctone Olamine

Piroctón Olamin ist ein mildes, chemisches Anti-Schuppen-Mittel für Haarkuren, Shampoos und Anti-Schuppen-Sprays. Es schädigt die Kopfhaut auch bei längerer Anwendung nicht. Es hilft bei fettigen und trockenen Schuppen und bei schnell nachfettendem Haar.

PNC 400

INCI: Sodium Carbomer

Mit diesem synthetischen Gelbildner lassen sich kristallklare Gele herstellen. Das Schöne an ihm ist, dass er keinen Film auf der Haut hinterlässt, so wie es Xanthan häufig tut. PNC 400 ist nicht pH-empfindlich. Er spricht allerdings nicht gut auf Alkohol an, sodass er nicht darin vordispergiert werden sollte.

Plantapon® SF

INCI: Sodium Cocoamphoacetate (and) Glycerin (and) Lauryl Glucosid (and) Sodium Cocoyl Glutamate (and) Sodium Lauryl Glucose Carboxylat

Plantapon® ist ein für Naturkosmetik zugelassenes, rein pflanzliches Tensid. Es hat einen geringen Eigengeruch, weshalb es sich speziell für nur leicht parfümierte Rezepturen eignet (z. B. für Kinder). Es hat sehr gute Schaumeigenschaften und reinigt die Haut, ohne sie auszutrocknen. Seine Einsatzkonzentration liegt bei 20–50 Prozent bei Produkten für Erwachsene und 20–30 Prozent bei Produkten für Kinder. Sie können es sowohl für Shampoos als auch für Duschgele verwenden. Da es eine sehr dünnflüssige Konsistenz hat, wird es gerne in Kombination mit Lamesoft® PO 65 (INCI: Coco Glucoside [and] Glyceryl Oleate) verwendet. Stellen Sie dazu den pH-Wert des Produktes auf pH 5 bis pH 6 ein und geben Sie 1–3 Prozent Lamesoft® in Ihre Rezeptur. Außerdem können Sie 1 Prozent Salz (Steinsalz) zugeben. Auch das erhöht die Konsistenz.

Preiselbeersamenöl

INCI: Vaccinium Macrocarpon Seed Oil

Kaltgepresstes Preiselbeersamenöl hat eine dunkle, goldgelbe Farbe und einen nussigen Geruch. Es stammt aus Nordamerika.

Dieses Öl ist recht teuer und gehört zu den Wirkstoffölen. Diese haben in einer Mischung einen Anteil von maximal 10 Prozent. Es ist durch seine Zusammensetzung perfekt geeignet, um trockener, reifer Haut zu ihrer alten Form zurückzuverhelfen. In seiner Wirkung ähnelt es Hagebuttenkernöl. Es erzeugt ein samtiges Hautgefühl, ohne dabei fettig zu wirken. Preiselbeersamenöl beruhigt irritierte Haut und verfeinert das Hautbild.

Propylenglycol

INCI: Propylenglycol

Propylenglycol ist eine synthetisch hergestellte, klare, farb- und nahezu geruchlose Flüssigkeit, die stark wasseranziehend (hygroskopisch) ist. In Wasser und Alkohol ist Propylenglycol löslich, in Ölen jedoch nicht. Wie Sorbit ist Propylenglycol ein Feuchthaltemittel, das auch leicht konservierende Eigenschaften besitzt; allerdings erst ab einer Einsatzkonzentration von 20 Prozent der Wasserphase.

Reiskeimöl

INCI: Oryza Sativa Oil

Reiskeimöl wird aus der vitaminreichen Reiskleie gewonnen. Reiskleie ist das, was übrig bleibt, wenn brauner Reis poliert wird. In der Reiskleie befindet sich zwischen 16 und 32 Prozent Öl. Es wird durch Extraktion mit Lösungsmitteln und Raffination gewonnen.

Reiskeimöl ist recht lange haltbar (12 Monate) und es eignet sich speziell für gereizte, sensible Haut. Durch das in ihm enthaltene Gamma-Oryzanol hat es eine natürliche Sonnenschutzfunktion und wird daher gerne in Sonnenschutzpräparaten verwendet. In Japan gilt Reiskeimöl als traditionelles Schönheitsmittel.

Rewoderm

INCI: PEG-200 Hydrogenated Glyceryl Palmitate, PEG-7-Glyceryl Cocoate

Rewoderm ist ein sehr mildes, nicht irritatives Tensid, das als Viskositätsregler für andere Tenside benutzt wird. Es besteht aus Kokos- und Palmöl und ist, obwohl es andickt, selbst nicht sehr dickflüssig. Im Herstellungsprozess wird es ganz zum Schluss verwendet, und es wird so viel davon untergerührt, bis das Produkt die gewünschte Konsistenz hat. Da Rewoderm noch etwas nachdickt, kann es passieren, dass die Konsistenz zum Schluss zu dick ist. Sollte das einmal der Fall sein, kann man einfach etwas Wasser nachgießen.

Die Einsatzmenge von Rewoderm beträgt ein bis vier Prozent. Der Anteil waschaktiver Substanzen (WAS) liegt bei 70 Prozent. Rewoderm hat einen pH-Wert von sieben bis acht.

Ringelblumenöl (Mazerat)

INCI: Calendula Officinalis [and] Glycine Soja Oil

Ringelblumenöl ist kein klassisches Öl, sondern ein Mazerat, das meist mit Sojaöl hergestellt wird. Ringelblumenöl hat eine gelb-orange Färbung, wofür das Carotin in den Blütenblättern verantwortlich ist. Es wirkt wundheilend und entzündungshemmend und wird gerne bei gereizter Haut eingesetzt. Die Einsatzkonzentration beträgt zwei bis zehn Prozent.

Rizinusöl

INCI: Ricinus Communis

Rizinusöl ist ein sehr dickflüssiges, farbloses Öl. Ich finde, es wirkt in zu hoher Einsatzkonzentration eher austrocknend, auch wenn ich gelesen habe, dass es häufig in Badeöl gegen trockene Haut oder in Wimpernpflegeprodukten Anwendung findet. Ich verwende es ausschließlich für Lipgloss oder Lippenbalsam, der einen leichten Glanz erzeugen soll. Rizinusöl ist ein vielverwendetes Öl in der Seifenherstellung, weil es die Schaumfette positiv unterstützt, wodurch mehr Schaum entsteht.

Totes-Meer-Salz

Traubenkernöl

Rügener Heilkreide

INCI: Calcium Carbonate

Rügener Heilkreide besteht aus Calciumcarbonat, Magnesiumcarbonat, Silizium-, Eisen- und Aluminiumverbindungen. Durch die Zusammensetzung wirkt die Heilkreide in Verbindung mit Wasser erhöht thermophysisch, das heißt, sie wärmt und kann die Temperatur lange halten. Die Durchblutung der Haut und die Stoffwechselprozesse werden angeregt und beschleunigt. Die Hautoberfläche wird sanft gereinigt und gepflegt und fühlt sich spürbar glatter an. In Waschcremes hat Rügener Heilkreide eine leichte Peelingfunktion und bindet Schlacken.

Bitte beachten: Falls Sie Nierensteine haben, die basischen Ursprungs sind, sollten Sie auf Heilkreide verzichten!

Sanddornfruchtfleischöl

INCI: Hippophae Rhamnoides

Bis 1980 war die ehemalige UdSSR führender Hersteller von Sanddornfruchtfleischöl; heute führt China die Rangliste mit einer Anbaufläche von einer Millionen Hektar an. Da Quantität nicht gleich Qualität ist, kommt das feinste Sanddornfruchtfleischöl allerdings aus der Mongolei, wo die Büsche nicht kultiviert werden, sondern wild wachsen.

Sanddornöl lässt sich grob in drei Arten unterteilen:

1. Aus dem Rohpresssaft wird durch Zentrifugieren oder Kaltpressen das Sanddornfruchtfleischöl gewonnen.

2. Die Kerne werden vom Fruchtfleisch getrennt und dann kaltgepresst oder extrahiert. Dies ergibt das Sanddornkernöl.

3. Das Sanddornfruchtfleischöl wird durch CO_2-Extraktion gewonnen. Dazu werden die getrockneten Sanddornbeeren zerkleinert, die Kerne jedoch bleiben ganz. So werden nur die Lipide (Fette) des Fruchtfleisches extrahiert.

Sanddornfruchtfleischöl ist orangerot, was an den darin enthaltenen Karotinoiden liegt. Es hat einen fruchtig-süßen Duft und schmeckt aromatisch. Sanddornfruchtfleischöl enthält besonders viel Palmitoleinsäure, die Bestandteil des menschlichen Hautfetts ist. Palmitoleinsäure verringert die Faltenbildung und die Alterung der Haut. Besonders trockene, rissige Haut kann hiervon profitieren.

Sanddornfruchtfleischöl schützt vor freien Radikalen, UV-Strahlen und Schadstoffen in der Umwelt. Es stärkt die Abwehrmechanismen der Haut, strafft das Hautgewebe und glättet bereits bestehende Falten.

Sollten Sie die Wahl zwischen kaltgepresstem Fruchtfleischöl und CO_2-extrahiertem haben, so empfehle ich, das kaltgepresste zu nehmen. Ist sogar ein kaltgepresstes Öl aus frischen – nicht aus getrockneten – Beeren erhältlich, ist dies die beste Alternative. Sie werden mit wunderbar fruchtigem Sanddornduft belohnt, der bei getrockneten Beeren weniger intensiv ist.

Sanfteen

INCI: Sucrose Cocoate

Sanfteen ist ein aus Zuckerester und Kokosfettsäuren hergestelltes Tensid, das unter dieser Bezeichnung durch die „Hobbythek“ bekannt wurde. Es hat eine salbenartige Konsistenz und riecht seifig. Es verringert die Reizwirkung anderer Tenside und wird daher besonders gerne für Kosmetika verwendet, die für Babys und Kleinkinder bestimmt sind. Bei Temperaturen über 27 °C verflüssigt sich Sanfteen.

Die Einsatzkonzentration beträgt ein bis fünf Prozent. Der Anteil waschaktiver Substanzen (WAS) liegt bei 65 Prozent.

Seidenpuder

INCI: Serica/Silk powder

Seidenpuder wird aus dem Faden des Maulbeerspinners hergestellt, den dieser benutzt, um seinen Kokon zu spinnen. Der Faden eines einzigen Kokons ist ca. 3000 bis 4000 m lang.

Seidenpuder eignet sich z. B. dazu, den Fettglanz von Bodybutter zu verringern und sie matter erscheinen zu lassen. Des Weiteren wird es in dekorativer Kosmetik wie Mineralpuder, Lidschatten und Ähnlichem eingesetzt.

Seidenprotein

INCI: Hydrolyzed Silk (Protein)

Seidenprotein wird aus Seidenfasern gewonnen und ist ein fantastischer Wirkstoff gegen Falten. Außerdem wirkt er feuchtigkeitsspendend. Die Einsatzkonzentration liegt bei ein bis fünf Prozent.

Seidenweiß

INCI/CI (Color Index): Mica, 77891 (Mica und Titandioxid)

Seidenweiß ist ein Farbpigment in Pulverform mit leichtem Perlmuttschimmer.

Sesamöl

INCI: Sesamum Indicum Oil

Sesamöl wird aus den Samen der in Indien, China, Burma und Mexiko beheimateten einjährigen Sesampflanze gewonnen. Sesam gilt als älteste Ölsaat der Welt und stammt ursprünglich aus Afrika. Die Sesamsamen reifen in einer Kapsel, die 80 bis 100 Samen enthält. Da die Kapseln unterschiedlich schnell reifen, werden sie in der Regel von Hand gepflückt.

Wie bei Haselnussöl gibt es zwei verschiedene Sorten: Sesamöl aus ungerösteten und aus gerösteten Samen. Ersteres ist von hellgelber Farbe, wenn es kaltgepresst wurde, und hat einen dezenten Duft nach Sesam. Das Öl aus gerösteter Saat hingegen ist dunkler gefärbt und hat einen popcornartigen Geruch. Für den Einsatz in Naturkosmetik eignet sich das kaltgepresste Öl der ungerösteten Sesamsaat, da es länger haltbar ist als raffiniertes Öl und einen dezenteren Eigenduft hat.

In Indien ist Sesamöl das Hautpflegemittel schlechthin und es wird anders als bei uns vor dem Baden aufgetragen. Im Ayurveda dient es außerdem der täglichen Mundpflege (Gandusha). Dabei wird ca. ein Esslöffel Öl vor dem Zähneputzen zehn bis 15 Minuten im Mund bewegt und durch die Zähne „gezogen". Dies hat eine entgiftende Wirkung. Nebenbei intensiviert sich der Geschmackssinn, Mundgeruch verschwindet, das Zahnfleisch wird gekräftigt und Karies vermindert. Außerdem nutzt man es für Ölmassagen und Stirnölgüsse.

Innerlich angewendet, wirkt Sesamöl blutdruck- und cholesterinsenkend. Seine sekundären Pflanzeninhaltsstoffe (Lignane, Sesamolin und Samamin) wirken als starke Antioxidanzien und werden gegen Tumore eingesetzt. Generell gilt Sesamöl neben Ghee (geklärte Butter) als das beste natürliche Entgiftungsmittel überhaupt.

In kosmetischen Formulierungen eignet sich Sesamöl als Basisöl für trockene, schlecht durchblutete Haut. Es zieht sehr gut ein und ist daher ein gutes Trägeröl, um andere Stoffe, wie ätherische Öle, in die Haut zu transportieren.

Sesamöl ist kühl und trocken gelagert bis zu 12 Monate haltbar.

Papayaöl

Brennnesselextrakt

Thymianextrakt

Jasminextrakt

Kameliensamenöl

Sheabutter

INCI: Buthyrospermum Parkii Butter

Sheabutter, auch Karité genannt, wird aus den Nüssen des Sheabaums gewonnen. Der Sheabaum ist von Westafrika bis zur Ober-Nil-Region verbreitet. Er gedeiht dort, wo andere Ölpalmen aufgrund des geringen Niederschlags nicht mehr wachsen können.

Um Sheabutter herzustellen, werden zunächst die Nüsse gesammelt. Die Nüsse werden in der Sonne oder in Öfen getrocknet und danach in Ölmühlen gemahlen. Die Schalen werden mit einem groben Sieb ausgesiebt, sodass nur die Nüsse übrig bleiben. Die vollständig von der Schale befreiten Nüsse werden in einem Ofen extrahiert und anschließend zerkleinert. Das Ergebnis ist eine fettige Masse, die von Hand und mithilfe von Wasser so lange bearbeitet wird, bis sie annähernd weiß ist und somit keine Verunreinigungen mehr enthält. Diesem Extrakt wird schließlich durch Kochen Wasser entzogen. Als Letztes wird die Butter filtriert, abgefüllt und verpackt.

Diese traditionelle Methode, unraffinierte Sheabutter herzustellen, wird heute leider zum größten Teil durch die Gewinnung per Raffination ersetzt. Hierbei wird der Sheanussbrei auf über 100 °C erhitzt, wodurch zwar der Ertrag wesentlich höher ist, aber viele wertvolle Inhaltsstoffe verloren gehen.

Unraffinierte Sheabutter hat eine gelbliche, in seltenen Fällen auch gräuliche oder grünliche Farbe und einen leicht nussigen und oft auch rauchigen Duft, den manche Menschen als unangenehm empfinden. Raffinierte Ware ist reinweiß und geruchlos.

Sheabutter enthält bis zu elf Prozent Unverseifbares, das sehr positiv auf die Haut wirkt. Es macht sie geschmeidig und verhindert das Austrocknen.

In klinischen Studien wurde nachgewiesen, dass schon eine 15-prozentige Sheabuttercreme deutlich besser bei Hauterkrankungen wie Neurodermitis oder trockener Altershaut wirkt als eine Cortisonsalbe. Sheabutter ist sehr gut verträglich und man findet sie in einer Vielzahl kosmetischer Produkte. Gerne wird sie auch zur Vorbeugung von Schwangerschaftsstreifen und zur Brustpflege während der Stillzeit verwendet.

Was die Sheabutter besonders hervorhebt, ist ihre sahnige Konsistenz. Man kann Sheabutter kalt aufschlagen und erhält z. B. zusammen mit etwas Jojobaöl eine wunderbare Körperbutter. Wichtig ist, sie nur ganz sanft zu erwärmen (nicht über 35 °C), da sie sonst beim Erstarren zum „Krisseln" neigt. Das heißt, dass die ehemals cremige Pflanzenbutter nach dem Aufschmelzen eine sandige Konsistenz hat. Es fühlt sich an, als ob kleine, harte Körnchen in der Butter wären.

Sollte Ihnen so etwas trotz aller Vorsicht einmal passieren, hilft nur eins: Wieder einschmelzen und die Butter unter ständigem Rühren abkühlen und erneut fest werden lassen.

SLS

INCI: Sodium Lauryl Sulfat

SLS ist ein anionisches Tensid, d. h. eine waschaktive Substanz, und wird als Detergens verwendet. Es hat eine antibakterielle und antivirale Wirkung. In Salben, Lotionen und Handspülmitteln wird es als Emulgator verwendet.

SLSA

INCI: Sodium Lauryl Sulfoacetate

SLSA ist ein pulverförmiges Tensid, das für Naturkosmetik zugelassen ist. Es verfügt über ein hervorragendes Reinigungs- und Schaumvermögen, ist sehr mild und trocknet die Haut nicht aus. Zur Anwendung kommt SLSA hauptsächlich in festen oder pulverförmigen Badezusätzen wie Bubblebars, Badebomben und Badepulvern oder Shampoobars. Die Einsatzkonzentration beträgt etwa 50 Prozent.

Bitte beachten: Beim Verarbeiten des Pulvers sollten Sie unbedingt einen Mundschutz tragen, da es stark staubt und die Atemwege reizt!

Sodium PCA

INCI: Sodium PCA

Sodium PCA ist das Salz der Pyrrolidoncarbonsäure, die zwölf Prozent des hauteigenen „Natural Moisturizing Factor" (NMF) ausmacht. Es wirkt stark feuchtigkeitsspendend. Wenn Sie es alleine verwenden, beträgt die Einsatzkonzentration zwei bis fünf Prozent. Sollten Sie es mit anderen hydratisierenden Rohstoffen wie z. B. Glycerin, Urea oder Natriumlactat kombinieren, reichen 0,5 bis zwei Prozent.

Sojaöl

INCI: Glycine Soja (Soybean) Oil

Sojaöl gehört zu den wenigen Ölen, die größere Mengen an a-Linolensäure enthalten. Außerdem enthält Sojaöl Isoflavone, die sogenannten Phytoöstrogene. Deshalb wird Sojaöl verstärkt in der Medizin und Pharmazie verwendet. Sojaöl ist wasseremulgierend und bindet das Wasser in der Hornschicht. Es hat den höchsten Lecithingehalt unter den Pflanzenölen. Dadurch wirkt es koemulgierend und erzeugt gut rückfettende Konsistenzen.

In der pflegenden Kosmetik wird Sojaöl überwiegend als Wirkstoffträger für lipidlösliche Pflanzeninhaltsstoffe und Vitamine verwendet. Es findet Verwendung als Grundlage für Badeöle und Cremes, da es gut in die Haut einzieht. Es schützt die Haut vor Feuchtigkeitsverlust und zieht rückstandslos ein. Kalt gepresstes Sojaöl ist gekühlt bis zu 9 Monaten haltbar.

Squalan/Phytosqualan

INCI: Squamane

Squalan ist ein wesentlicher Bestandteil (zwölf Prozent) des Hydro-Lipidfilms der Haut. Ursprünglich wurde die klare, geruchlose Flüssigkeit aus Haifischleber hergestellt. Heutzutage wird sie aus den Pressrückständen des Olivenöls gewonnen. Daher wird auch oft der Name Phytosqualan (pflanzliches Squalan) verwendet.

Bei Rezepturen mit Fett- und Wasserphase wird Squalan der Fettphase zugerechnet. Es macht die Haut weich und glättet sie, ohne dabei einen Fettfilm zu hinterlassen, weshalb es sehr gerne in leichten Gesichtscremes verwendet wird. Außerdem bewirkt es, dass Emulsionen besser in die Haut einziehen.

Wenn die Einsatzkonzentration fünf Prozent übersteigt, sollten Sie die Rezeptur so planen, dass ausreichend feste Fette und/oder Wachse enthalten sind, da Squalan Emulsionen dünnflüssiger macht.

Tensidmischung

INCI: Disodium Laurethsulfosuccinate, Cocoamidopropyl Betaine, Sucrose Cocoate

Diese Tensidmischung stammt aus der „Hobbythek". Sie besteht aus verschiedenen, aufeinander abgestimmten Tensiden, was Ihnen den Kauf einzelner Tenside (Betain, Facetensid und Sanfteen) erspart. Die Tensidmischung hat einen Anteil waschaktiver Substanzen (WAS) von 39 bis 41 Prozent.

Titandioxid

INCI: Titanium Dioxide (CI 77891)

Titandioxid ist ein weißes, stark deckendes mineralisches Pigment. Es lässt sich sowohl in Wasser als auch in Öl dispergieren.

Tocopherol

siehe Vitamin E

Totes-Meer-Salz

INCI: Maris Sal

Salz aus dem Toten Meer unterscheidet sich sehr von anderen Salzen. Es hat einen enorm hohen Gehalt an Mineralstoffen wie Natrium, Eisen, Kalzium, Kalium, Magnesium, Mangan, Sulfit und vielem mehr. Totes-Meer-Salz hat meist eine gelbliche Farbe und fühlt sich nass an.

Ein Vollbad mit diesem Salz fördert die Durchblutung, strafft die Haut und regt den Stoffwechsel an. Zudem soll es einen positiven Einfluss auf Hauterkrankungen wie Psoriasis (Schuppenflechte) und Neurodermitis haben. Es hat eine stark entgiftende Wirkung, weshalb es gerne bei unreiner und fettiger Haut verwendet wird.

Welche Menge man für ein wirkintensives Vollbad benötigt, ist umstritten. Die Angaben variieren zwischen 200 g und zwei Kilo Salz. Ich tendiere nach meinen persönlichen Erfahrungen eher zu Letzterem.

Totes-Meer-Schlamm

INCI: Maris Limus

Schlamm aus dem Toten Meer ist sehr mineralstoffreich. Er wirkt regenerierend, reinigend und ausgleichend auf die Haut.

Traubenkernöl

INCI: Vitis Vinifera (Seed) Oil

Traubenkernöl ist ein gutes Basisöl bei fettiger Haut und Mischhaut. Es zieht schnell in die Haut ein und macht sie elastisch, ohne einen Fettfilm zu hinterlassen. Außerdem reguliert es die Talgproduktion. Kaltgepresstes Traubenkernöl ist von grün-goldener Färbung. Es ist reich an Linolsäure und natürlichem Lecithin. Bei richtiger Lagerung (kühl und dunkel) ist es ca. neun Monate haltbar.

Urea (Harnstoff)

INCI: Urea Pura, Carbamidum, Carbonyldiamid

Urea ist wie Glycerin Teil des hauteigenen Feuchtigkeitsfaktors (Natural Moisturizing Factor) in der Hornschicht (Stratum corneum). Der Harnstoff, der im vorliegenden Buch von mir verwendet wurde, ist jedoch synthetisch hergestellt. Er ist für zwar nicht für Naturkosmetik geeignet, aber sehr verträglich.

Urea ist stark wärmeempfindlich und neigt dazu, sich schnell zu zersetzen. Sie bemerken es meist an einem stechenden Ammoniakgeruch. Dem kann man entgegenwirken, indem man die Emulsion mit Natriumlactat und Milchsäure leicht sauer puffert. Das ist vor allem dann wichtig, wenn Sie pH-empfindliche Konservierungsmittel wie Kaliumsorbat verwenden, da durch den Zersetzungsprozess der pH-Wert leicht ansteigt. Trotzdem sollten Rezepturen, die Urea enthalten, nach spätestens vier Wochen aufgebraucht sein.

Urea hat noch eine weitere interessante Eigenschaft: Es wirkt als Enhancer: es sorgt also dafür, dass andere wasserlösliche Wirkstoffe besser in die unteren Hautschichten gelangen.

Seine Einsatzkonzentration liegt bei nicht medizinischen Formulierungen zwischen zwei und fünf Prozent, was für eine feuchtigkeitsbindende Wirkung ausreichend ist. Da Urea wärmeempfindlich ist, wird es in wenig kaltem Wasser aufgelöst und erst ganz zum Schluss in die handwarme Emulsion gerührt.

Urea ist eines der am besten Feuchtigkeit spendenden Rohstoffe. Es erzeugt ähnlich wie Tegomuls ein eher trockenes, mattes Hautgefühl, auch bei höheren Fettphasen.

Vitamin C

INCI: Ascorbinsäure

Vitamin C wirkt regenerierend und heilend bei Bindegewebsschäden. Weitere Anwendung findet es bei entzündlichen und unreinen Hautzuständen. Kombiniert mit Tocopherol hilft es bei der Behandlung von Altersflecken. Vitamin C hemmt den Collagenabbau und stimuliert den Bindegewebsstoffwechsel. Vitamin C reagiert empfindlich auf Sauerstoff. Präparate, die Vitamin C enthalten, sollten daher luftdicht verschlossen aufbewahrt werden. Auch in einer wässrigen Lösung baut sich Vitamin C schnell ab, was durch Säuerung des pH-Wertes oder durch Stabilisierung der Emulsion durch Gelbildner verzögert werden kann.

Vitamin E/Vitamin-E-Acetat

INCI: Tocopherol / a-Tocopherylacete

In der Kosmetik wird Vitamin E hauptsächlich wegen seiner antioxidierenden Wirkung verwendet. Es verlängert in der richtigen Konzentration (fünf Prozent) die Haltbarkeit von Fetten und Ölen. Vitamin-E-Acetat ist stabiler als einfaches Vitamin E. Es hat eine gelbliche Farbe und ist in Wasser sowie in Fett löslich. Außerdem wirkt es hautglättend, zellerneuernd und entzündungshemmend und ist daher zur Wundheilung besonders geeignet.

Weizenkeimöl

INCI: Triticim Vulgare (Weat Germ) Oil

Weizenkeimöl hilft, das Bindegewebe zu festigen und zu stärken. Es ist sehr hautpflegend und beugt Alterserscheinungen der Haut vor, da es den Stoffwechsel reguliert und Feuchtigkeit spendet. Bei trockener und reifer Haut, die zu Fältchen neigt, wirkt es positiv auf die Zellneubildung. Es eignet sich zur vorbeugenden Pflege gesunden Haares und bei unzureichender Kopfhautdurchblutung. Weizenkeimöl ist ein sehr guter Basisträger für ätherische Öle. Es findet Verwendung bei vielen pflegenden Kosmetika wie Pudern, Hautölen, Seifen, Gesichtspackungen und mehr. Es hat einen hohen Tocopherolgehalt und dient zur Gewinnung von natürlichem Vitamin E und ungesättigten Fettsäuren. Weizenkeimöl hält sich kühl und lichtgeschützt gelagert ca. sechs Monate.

Weizenprotein

siehe Elastin

Wildrosenöl

siehe Hagebuttenkernöl

Wollwachsalkohol

INCI: Lanolin Alcohol

Die unverseifbaren Bestandteile des Lanolins (Wollwachs) bezeichnet man als Wollwachsalkohol. Es ist ein W/O-Emulgator, den man als kleine, gelbliche Kügelchen kauft, die wie Wachs verarbeitet (geschmolzen) werden. Der Schmelzpunkt liegt zwischen 58 und 65 °C.

Wollwachsalkohol fühlt sich auf der Haut weniger einhüllend an als reines Lanolin. Er ist ausgesprochen pH-stabil, sowohl im sauren als auch im basischen Bereich. Wollwachsalkohol vermag das Sechsfache seines Eigengewichts an Wasser zu binden, eine Eigenschaft, die mit der Zugabe kleiner Mengen Bienen- oder anderen Wachses noch gesteigert werden kann.

Kaktusfeigenkernöl

Salbeiextrakt

Hamamelisextrakt

Zitronensäure

Bei der Verarbeitung von Wollwachsalkohol ist unbedingt darauf zu achten, dass Wasserphase und Fettphase exakt die gleiche Temperatur haben. Das Wasser wird schluckweise zum Fett gegeben und jedes Mal gut emulgiert, bevor der nächste Schluck dazu kommt. Besonders gute Cremes erhalten Sie, wenn Sie Wollwachsalkohol und Lanolin mischen.

Wollwachsalkohol wirkt rückfettend und weichmachend und ist ca. 18 Monate haltbar.

Xanthan transparent

INCI: Xanthan Gum

Xanthan transparent erzeugt klare Gele. Es wird häufig verwendet, um Emulsionen mit niedrigem Emulgatoranteil zu stabilisieren. Außerdem dickt es zuverlässig tensidhaltige Formulierungen an und ist völlig reizfrei, da es aufgrund seiner großen Moleküle nicht in die Hornschicht eindringen kann. Xanthan transparent darf nicht über 70 °C verarbeitet werden, da es keine hohen Temperaturen verträgt. Anders als normales Xanthan, hinterlässt es so gut wie keinen Film auf der Haut und lässt sich deutlich besser verarbeiten. Xanthangele sind pH-stabil (pH vier bis pH elf), vertragen eine gewisse Menge Salz und bleiben auch bei Temperaturschwankungen stabil. Die Einsatzkonzentration liegt bei etwa 0,2 Prozent.

Sie können es direkt in die kalte oder warme Wasserphase einrühren. Wenn Sie auf Nummer sicher gehen wollen, dass sich keine Klümpchen bilden, lassen Sie es in wenig 70-prozentigem Alkohol oder in wenig Glycerin vorquellen und geben dann unter Rühren die Wasserphase hinzu. Xanthangele vertragen allerdings keine hohen Scherkräfte, da damit ihr Gelgerüst zerstört wird. Wenn Sie also ein höher viskoses Gel damit herstellen möchten, verzichten Sie auf zu kräftiges Rühren (z. B. mit dem Pürierstab).

Xyliance

INCI: Cetearyl Wheat Straw Glycosides [and] Cetearyl Alcohol

Xyliance ist ein auch für Naturkosmetik zugelassener O/W-Emulgator. Er ist sehr pH-stabil, weswegen er sich sehr gut verarbeiten lässt. In Cremes verarbeitet, erzeugt er leichte, nicht fettende Formulierungen, die sich matt auf der Haut anfühlen. Die Einsatzkonzentration liegt zwischen zwei und fünf Prozent bezogen auf die Gesamtmenge. Xyliance eignet sich am besten für Cremes mit Fettphase (ab 20–25 Prozent). Die optimale Phasentemperatur liegt bei 70 °C.

Zinkoxid

INCI: Zinc Oxide

Zinkoxid wird unter der Bezeichnung Zinkweiß als Pigment benutzt. Es hat eine entzündungshemmende, austrocknende Wirkung und wird daher gerne als Zusatz (5 bis 10 Prozent) in Puder verwendet.

Zitronensäure

INCI: Citric Acid

Viele von Ihnen kennen Zitronensäure aus dem Haushalt. Je nach Sorte eignet sie sich zum Marmelade Kochen ebenso wie zum Entkalken der Kaffeemaschine.

In Badezusätzen wird sie meist in Verbindung mit Natriumbicarbonat verwendet, und zwar immer dann, wenn ein Sprudeleffekt erzielt werden soll. Beim Verarbeiten sollten Sie unbedingt Handschuhe und Mundschutz tragen, da pure Zitronensäure die Haut und die Atemwege reizt.

Außerdem ist es wichtig, dass Sie die Zitronensäure in einem luftdichten Gefäß aufbewahren, da sie stark hygroskopisch (wasseranziehend) ist und schon nach kurzer Zeit an der Luft anfängt, deren Feuchtigkeit aufzunehmen. Der Behälter muss auf jeden Fall außer Reichweite von Kindern und Haustieren gelagert werden, da es sich um eine starke Säure handelt.

Bezugsquellen

Kosmetik- und Seifensiederzubehör

Manske GmbH
Products for cosmetics
www.manske-shop.com

Fair gehandeltes Bio-Babassuöl

Babassu for you (Martin Gerdemann)
www.babassu.de

Aroma-Zone (Frankreich)

Toller Shop mit vielen ausgefallenen Zutaten
www.aroma-zone.com

El Sapone-Seifenmanufaktur

Verpackungen
http://ElSapone.com

Fair gehandelte Bio-Sheabutter

Shea WaLe Sheabutter
www.sheabutter-ghana.de

Ätherische und kaltgepresste Öle

Sonnenelixier – Dohrener Ölmühle
Helmut Rausche
www.sonnenelixier.de

Kosmetische Rohstoffe (Schweiz)

www.allerlei-praktisches.ch

Kosmetische Rohstoffe (Österreich)

www.art-of-beauty.at

Gesichtsreinigung

Die Gesichtshaut gilt als besonders sensibel – deshalb bedarf sie schon bei der Reinigung einer besonderen Behandlung. Je nachdem, ob die Haut eher trocken oder fettig ist, sollten die verwendeten Zutaten mehr oder weniger rückfettende Substanzen und unterschiedliche pflegende Extrakte beinhalten. Auch das Alter der Haut ist von Bedeutung bei der Wahl der Inhaltsstoffe. Und schließlich haben Sie auch noch ganz persönliche Vorlieben, was die Konsistenz, den Duft oder die Farbe betrifft. Wählen Sie zwischen Waschsahne oder Waschcreme, einer Reinigungsmilch, einem Peeling oder einem Gesichtstonikum. Lassen Sie sich vom Duft von Wildrosen, von Zitrone oder Calendula, von Kokos oder Vanille verführen. Probieren Sie ein wenig hin und her – Sie finden sicher ganz schnell heraus, welche Substanz ein Muntermacher für morgens ist und welche dagegen für einen gelungenen Tagesausklang sorgt.

Argan-Wildrosen-Waschsahne

für sensible und reife Haut

Zutaten

Phase A (Fettphase)

1,5 g Glycerinstearat SE

2,5 g Xyliance

1 g Avocadin®

9 g Arganöl

2 g Sheabutter

Phase B (Wasserphase)

68 g Rosenhydrolat

8 g Glycerin

0,1 g Xanthan

4 g Rügener Heilkreide

1 g Facetensid

2 g Seidenpuder

Phase C

2 g Haferextrakt

2 g Wildrosenöl (oder Hagebuttenkernöl)

6 Tropfen Rosenattar (oder 2 Tr. ätherisches Rosen- und 4 Tr. Sandelholzöl)

20 Tropfen Paraben K

2 Tropfen Zitronensäure

1 Geben Sie die Emulgatoren Glycerinstearat SE und Xyliance zusammen mit dem Avocadin® und dem Arganöl in ein Becherglas und erhitzen Sie die Mischung auf 75 °C. Ist alles klar geschmolzen, die Herdplatte ausschalten und die Sheabutter

1

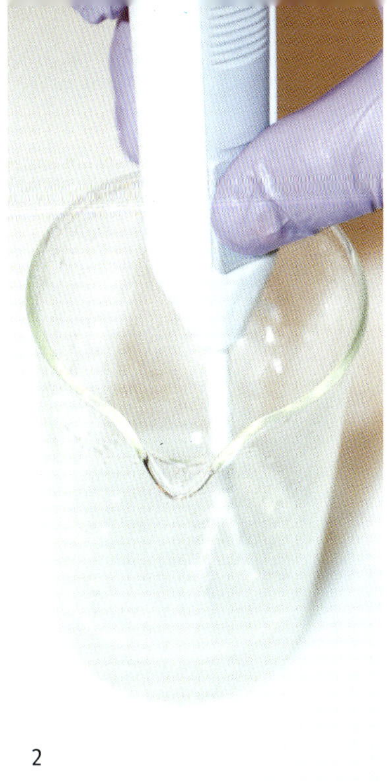

2

3

4

5

6

dazugeben. Die Sheabutter schmilzt auch ohne weiteres Erhitzen (siehe Arbeitsschritt 1).

2 Geben Sie in der Zwischenzeit das Rosenhydrolat und das Glycerin in ein zweites Becherglas und erhitzen Sie die Mischung ebenfalls auf 75 °C. Schalten Sie die Herdplatte aus und rühren Sie das Xanthan unter, sodass ein Gel entsteht (siehe Arbeitsschritt 2). Dann vorsichtig die Heilkreide und das Facetensid hinzugeben. Rühren Sie die Masse, bis sie homogen ist (siehe Arbeitsschritt 3).

3 Nun die Wasserphase zur Fettphase geben (siehe Arbeitsschritt 4) und beides auf mittlerer Stufe 3–5 Min. lang mixen, danach mit einem Spatel weiterrühren, bis die Emulsion auf ca. 35 °C abgekühlt ist (siehe Arbeitsschritt 5).

4 Den Haferextrakt, das Wildrosenöl, die ätherischen Öle, das Paraben K und die Zitronensäure zum Schluss in die Waschsahne einarbeiten (siehe Arbeitsschritt 6).

5 Die Waschsahne ist bei Verwendung von 20 Tropfen Paraben K ca. 6 Monate lang haltbar. Werden nur 10 Tropfen Paraben K verwendet, verringert sich die Haltbarkeit auf 3 Monate.

Tipp: Die Waschsahne in einen Pumpspender füllen und morgens und abends eine haselnussgroße Menge im trockenen Gesicht verteilen. Mit wenig Wasser aufschäumen und anschließend mit viel Wasser abspülen.

Gesichtswaschcreme Teebaum & Zitrone

Zutaten

Phase A

2 g Thymianextrakt

0,1 g Xanthan

Phase B (Fettphase)

4 g Glycerinstearat SE

8 g Distelöl

4 g Hanföl

3 g Babassuöl

Phase C (Wasserphase)

8 g Glycerin

30 g Teebaumhydrolat

30 g Hamamelishydrolat

3 g Ghassoul (Lavaerde)

2 g Schlamm aus dem Toten Meer

1,5 g Sanfteen

Phase D

2 g Algengel

12 Tropfen ätherische Öle (5 Tr. Teebaum, 2 Tr. Manuka, 1 Tr. Cajeput, 4 Tr. Zitrone)

10–20 Tropfen Paraben K

1 Mischen Sie zunächst den Thymianextrakt mit dem Xanthan. Dann den Emulgator Glycerinstearat SE, das Distelöl, das Hanföl und das Babassuöl in ein zweites Becherglas geben und auf 75 °C erhitzen. Ist alles klar geschmolzen, den Topf von der Herdplatte nehmen.

2 In der Zwischenzeit das Glycerin zusammen mit dem Teebaum- und dem Hamamelishydrolat ebenfalls auf 75 °C erhitzen. Nehmen Sie den Topf vom Herd und rühren Sie das Ghassoul, den Schlamm aus dem Toten Meer und das Sanfteen ein, bis die Masse homogen ist. Dies geht am besten mit einem Pürierstab. Den Thymianextrakt mit dem Xanthan unterrühren und alles gut miteinander vermengen.

3 Jetzt die Wasserphase in die Fettphase geben und beides mit dem Mixer oder Pürierstab langsam auf mittlerer Stufe 3–5 Min. lang verrühren, bis die Emulsion stabil ist. Rühren Sie dann mit einem Glasstab weiter, bis die Masse auf 35 °C abgekühlt ist.

4 Nun noch das Algengel und zum Schluss die ätherischen Öle und das Paraben K hineingeben.

Tipp: Die Gesichtswaschcreme Teebaum & Zitrone wird genauso wie die Argan-Wildrosen-Waschsahne verwendet und sie eignet sich ebenfalls für die Verwendung in einem Pumpspender.

Gesichtswaschcreme

für normale Haut

Zutaten

Phase A

80 g Nerolihydrolat

Phase B

25 g Mandelkleie

4,4 g Mandelmehl

3 g Mandelmilchpulver

Phase C

4 g Calendulaextrakt (alkoholisch 70 % Vol.)

4 g Johanniskrautextrakt (alkoholisch 70 % Vol.)

4 g Hamamelisextrakt (alkoholisch 70 % Vol.)

4 g Kamillenextrakt (alkoholisch 70 % Vol.)

0,1 g Xanthan

Phase D

6 g Mandelöl (Vanille-Mazerat)

5 g Weizenkeimöl

10,5 g Pflaumenkernöl

30 Tropfen Paraben K oder Phenonip

1 Zuerst geben Sie das Nerolihydrolat in ein Becherglas und lassen es auf dem Herd einmal kurz aufkochen, um alle evtl. vorhandenen Keime abzutöten. Dann in einem separaten Gefäß Phase B (Mandelkleie, Mandelmehl und Mandelmilchpulver) mischen.

2 Als Nächstes geben Sie alle alkoholischen Extrakte in ein Becherglas und geben unter Rühren das Xanthan hinzu. Ist das Hydrolat abgekühlt, wird das Paraben K dazugegeben. Dann rühren Sie die alkoholischen Extrakte mit dem Xanthan unter. Diese Mischung geben Sie zu der Mandelkleie und rühren so lange, bis eine homogene Paste entstanden ist.

3 Ganz zum Schluss wiegen Sie noch die Öle ab und verrühren alles gründlich miteinander. Bevor Sie die Paste in Tiegel oder Tuben füllen, sollten Sie noch 2–3 Stunden abwarten. Es kommt nämlich häufig vor, dass die Mandelkleie noch aufquillt und die Paste dadurch zu fest wird. Sollte das der Fall sein, geben Sie einfach noch ein paar Milliliter Hydrolat und Extrakt dazu (auf 8,7 g Hydrolat kommen 1,3 g alkoholischer Extrakt 75% Vol.), bis die Masse die Konsistenz eines sämigen Breis hat.

Tipps: Sie können für die Gesichtswaschcreme auch nur Mandelkleie anstatt Mandelkleie, Mandelmehl und Mandelmilchpulver verwenden.

Die Lagerung von Waschcreme in Tuben ist hygienischer als die Lagerung in Tiegeln, da weniger Sauerstoff und Schmutz in die Creme gelangen.

Die alkoholischen Extrakte konservieren die Waschcreme, sodass sie länger hält. Leider werden im Fachhandel immer häufiger nur Extrakte in Propylenglycol angeboten, welches keine Konservierungseigenschaften aufweist.

Reinigungsmilch

für Mischhaut

Zutaten

Phase A

2 g Grünteeextrakt

1,5 g Gurkenextrakt

1,5 g Hamamelisextrakt

14 g Brennesselextrakt (alkoholisch)

0,1 g Xanthan

Phase B (Fettphase)

5 g Lamecreme

5 g Emulsan

1 g Avocadin®

5 g Jojobaöl

5 g Avocadoöl

14 g natives Sojaöl

5 g Brokkolisamenöl

10 g Distelöl

3 g Sanfteen

2,5 g Fluidlecithin CM

Phase C (Wasserphase)

86 g Hamamelishydrolat

1 Geben Sie alle Extrakte in ein Becherglas und fügen Sie unter Rühren das Xanthan hinzu.

2 Lassen Sie die Emulgatoren Lamecreme und Emulsan zusammen mit dem Avocadin® und dem Jojobaöl schmelzen, bis die Mischung klar ist. Geben Sie die restlichen Öle, das Sanfteen und das Fluidlecithin CM hinzu und erhitzen Sie alles auf 75 °C.

3 Das Hamamelishydrolat ebenfalls auf 75 °C erhitzen. Haben beide Phasen exakt 75 °C erreicht, geben Sie die Wasserphase zur Fettphase. Rühren Sie beides auf hoher Stufe mit dem Pürierstab. Sobald sich eine stabile Emulsion gebildet hat, mit einem Glasstab weiterrühren.

4 Ist die Reinigungsmilch leicht abgekühlt, die Extrakt-Xanthan-Mischung hinzufügen. Mit dem Glasstab so lange weiterrühren, bis die Reinigungsmilch vollständig erkaltet ist.

5 Mit der alkoholischen Konservierung ist die Reinigungsmilch 10–12 Wochen lang haltbar.

Tipp: Füllen Sie die Reinigungsmilch in einen Pumpspender. Geben Sie zur Reinigung eine haselnussgroße Menge auf Ihre Handfläche und verteilen Sie sie auf dem feuchten Gesicht. Mit lauwarmem Wasser abspülen.

Kokos-Mandel-Waschsahne

für normale Haut

Zutaten

Phase A (Fettphase)

4 g Mandelöl

8 g natives Kokosnussöl

4 g Glycerinstearat SE

Phase B

0,5 g Plantapon® SF

0,1 g Lamesoft®

4 g Kaolin

Phase C (Wasserphase)

40 g Wasser

35 g Kokossahne

Phase D

10 g Glycerin

0,1 g Xanthan transparent

1–2 Tropfen Milch- oder Zitronensäure (für einen pH-Wert von 5,5)

2–4 Tropfen Bittermandelöl

0,5–max. 0,8 g Phenonip (Liquid Parabens)

1

2

3

4

5

1 Das Mandelöl, das Kokosnussöl und den Emulgator Glycerinstearat SE im Becherglas auf 75 °C erhitzen, bis das Glycerinstearat SE vollständig geschmolzen ist. Das Wasser und die Kokossahne ebenfalls auf 75 °C erhitzen.

2 Die Tenside Plantapon® SF und Lamesoft® vorsichtig in die Fettphase einrühren, sodass sich kein Schaum bildet. Das Kaolin hinzugeben und so lange weiterrühren, bis die Masse homogen ist (siehe Arbeitsschritt 1).

3 Das Glycerin in ein zweites Becherglas geben und das Xanthan unter Rühren vorsichtig einrieseln lassen, sodass keine Klümpchen entstehen (siehe Arbeitsschritt 2).

4 Haben Fettphase und Wasserphase exakt 75 °C erreicht, langsam die Wasserphase zur Fettphase geben. Mit einem elektrischen Milchaufschäumer oder mit einem Pürierstab auf hoher Stufe 2–3 Min. lang rühren, bis die Emulsion stabil ist (siehe Arbeitsschritt 3). Danach die Mischung mit einem Glasstab weiterrühren, bis sie auf ca. 40 °C abgekühlt ist.

5 Nun das mit Xanthan angedickte Glycerin sorgfältig in die Emulsion einrühren, sodass sich alle Stoffe gut miteinander verbinden (siehe Arbeitsschritt 4). Ist die Lotion vollständig erkaltet, kann der pH-Wert bestimmt und beeinflusst werden. Zur Konservierung Phenonip beifügen (siehe Arbeitsschritt 5). Zum Schluss das Bittermandelöl hinzufügen, bis die gewünschte Duftintensität erreicht ist.

6 Wegen der enthaltenen Kokossahne sollte die Waschsahne kühl und dunkel gelagert und bald aufgebraucht werden.

Tipps: **Die Waschsahne ist dickflüssig, sodass sie im Tiegel aufbewahrt werden sollte. Eventuell kann die Waschsahne aber auch in einen Pumpspender gefüllt werden.**

Möchten Sie die Waschsahne mit Kaliumsorbatlösung konservieren, darf ihr pH-Wert nicht über 5,5 liegen. Ich empfehle allerdings Phenonip zur Konservierung der Waschsahne, weil Kokossahne sehr anfällig für Keime ist.

1

Mildes Gesichtspeeling

für alle Hauttypen

Zutaten

Phase A

50 g Facetensid

10 g Plantapon® SF

5 g Sanfteen

5 g Fluidlecithin CM

2 g Aprikosenkernöl

2 g Mandelöl

1 g natives Kokosnussöl

Phase B

148 g Rosenhydrolat oder abgekochtes Wasser

2 g Seidenprotein

2 g Optiphen

Phase C

16 g Rewoderm

Phase D

5 g rote (oder blaue) Jojobabeads

2 g ätherische Ölmischung (1 g Grapefruit, 0,5 g Mandarine grün, 0,5 g Limette)

2

3

4

5

1 Zunächst schmelzen Sie in einem Becherglas das Kokosnussöl. Geben Sie das Aprikosen- und Mandelöl hinzu, dann die restlichen Zutaten aus Phase A und verrühren Sie alles gut miteinander (siehe Arbeitsschritt 1). In einem zweiten großen Becherglas vermischen Sie das Hydrolat mit dem Seidenprotein und dem Konservierungsmittel. Dann gießen Sie Phase A vorsichtig dazu und rühren so lange mit einem Spatel oder einem Mixer, bis sich alles gut miteinander verbunden hat (siehe Arbeitsschritt 2). Sie haben jetzt eine niedrigviskose Flüssigkeit (siehe Arbeitsschritt 3).

2 Damit sie andickt, gibt es verschiedene Möglichkeiten: In manchen Rezepten wird Xanthan verwendet; hier kommt Rewoderm zum Einsatz. Rewoderm ist ein Tensid, das bei Zugabe bewirkt, dass die Tensidmischung andickt. Sie können so lange Rewoderm zugeben, bis die für Sie perfekte Konsistenz erreicht ist (siehe Arbeitsschritt 4). Beachten Sie dabei lediglich, dass es eine Weile dauert, bis die endgültige Konsistenz erreicht ist. Ich persönlich finde eine Menge von 16 g optimal. Sie können aber auch ruhig 18–20 g zugeben.

3 Ganz zum Schluss rühren Sie noch die Jojobabeads (siehe Arbeitsschritt 5) und die Duftmischung unter und füllen das Peeling in eine Flasche. Sie sollten das Peeling innerhalb der nächsten 4 Wochen verbrauchen.

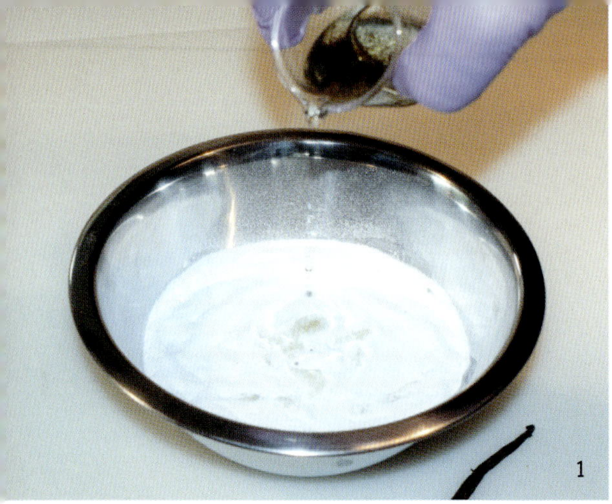

Vanilla Cleansing Bar (25 % Fett)

für normale Haut

Zutaten

Phase A

68 g SLSA-Pulver

4 g Seidenpuder

2 g Perlenpuder

Phase B (Fettphase)

3 g Reiskeimöl

4 g Kameliensamenöl

13 g Sheabutter

5 g Mangobutter

½ Vanilleschote

8 Tropfen Vanilleextrakt

1 Das SLSA-Pulver sowie das Seiden- und das Perlenpuder in eine Schüssel geben und gut durchmischen. Tragen Sie dabei einen Mundschutz, damit Sie den feinen Staub des SLSA-Pulvers nicht einatmen.

2 Das Reiskeimöl, das Kameliensamenöl sowie die Shea- und die Mangobutter in ein Becherglas geben und auf geringer Stufe im Wasserbad schmelzen lassen. Die Vanilleschote samt Mark hinzufügen und die Masse ziehen lassen. Nach ca. 20 Min. die Vanilleschote entfernen und das Becherglas aus dem Wasserbad nehmen.

3 Rühren Sie den Vanilleextrakt ein und geben Sie die Fettphase in die Schüssel mit den trockenen Zutaten (siehe Arbeitsschritt 1). Mischen Sie alles gut durch (siehe Arbeitsschritt 2). Pressen Sie dann die Masse in Formen (siehe Arbeitsschritt 3). Die Formen ca. 1 Std. lang ins Tiefkühlfach stellen. Danach lassen sich die Cleansing Bars leicht ausformen.

Tipp: Silikonformen sind für die Cleansing Bars ungeeignet, da das Silikon beim Einfüllen zu stark nachgibt. Besser geeignet sind Tiefziehformen, die es in vielen hübschen Motiven in gut sortierten Shops für Seifenzubehör gibt.

Cleansing Bar mit Sanddorn & Rügener Heilkreide (40 % Fett)

für trockene und reife Haut

Zutaten

Phase A

55 g SLSA-Pulver

5 g Rügener Heilkreide

Phase B (Fettphase)

5,5 g Mandelöl

4,5 g Sanddornkernöl

25 g Sheabutter

4 g D-Panthenol

0,5 g ätherisches Orangenöl

0,5 g Sanddornfruchtfleischöl

1 Mischen Sie das SLSA-Pulver und die Rügener Heilkreide in einer Schüssel. Tragen Sie dabei einen Mundschutz, damit Sie den feinen Staub des SLSA-Pulvers nicht einatmen.

2 Das Mandelöl, das Sanddornkernöl und die Sheabutter in ein Becherglas geben und im Wasserbad auf niedriger Stufe schmelzen lassen. Das Becherglas aus dem Wasserbad herausnehmen und die Mischung auf 35 °C abkühlen lassen. Dann das D-Panthenol und das Orangenöl hinzufügen.

3 Geben Sie die Fettphase in die Schüssel zu den trockenen Zutaten und vermischen Sie alles zu einem homogenen Teig. Arbeiten Sie das Sanddornfruchtfleischöl ein, sodass Sie einen orangefarbenen Teig erhalten. Geben Sie den Teig in die Formen und pressen Sie dabei den Teig so fest wie möglich, damit Muster entstehen.

4 Die Formen ca. 1 Std. lang ins Tiefkühlfach stellen. Danach lassen sich die Cleansing Bars leicht ausformen.

Cleansing Bar Milch & Honig (43 % Fett)

für sensible Haut

Zutaten

Phase A

30 g SLSA-Pulver

20 g Stutenmilchpulver (oder anderes Milchpulver)

7 g Honigpulver

Phase B (Fettphase)

1 g Avocadin®

7 g Mandelöl

20 g Kakaobutter

15 g Sheabutter

10–15 Tropfen Honig-Absolue oder Honigaroma

1 Mischen Sie das Milchpulver mit dem SLSA-Pulver. Tragen Sie dabei einen Mundschutz, damit Sie den feinen Staub des SLSA-Pulvers nicht einatmen.

2 Geben Sie das Avocadin® und das Mandelöl in ein Becherglas und lassen Sie beides im Wasserbad schmelzen. Ist das Avocadin® nach einiger Zeit klar geschmolzen, schalten Sie die Herdplatte aus. Lassen Sie das Becherglas im Wasserbad.

3 Geben Sie die Kakaobutter und die Sheabutter hinzu und rühren Sie mit einem Glasstab so lange, bis alles geschmolzen ist. Evtl. die Herdplatte noch einmal anschalten; allerdings darf die Fettphase nicht zu heiß werden, damit die Shea- und die Kakaobutter nicht krisselig werden. Die Fettphase auf 35 °C abkühlen lassen und das Honigpulver und das Honig-Absolue einrühren.

4 Nun geben Sie die Fettphase zu den trockenen Zutaten und verkneten Sie alles gut miteinander. Am besten geht das mit den Händen (Handschuhe tragen). Pressen Sie die Masse in Formen und stellen Sie diese ca. 1 Std. lang in den Kühlschrank.

Gesichtstonikum

für unreine Haut

Zutaten

50 g Hamamelishydrolat

30 g Kamillenhydrolat

14 g Brennnesselextrakt oder Hamamelisextrakt (alkoholisch 70 % Vol.)

3 g Gurkenextrakt

2,9 g Grünteeextrakt

0,1 g Vitamin C (Ascorbinsäure)

1 Mischen Sie alle Zutaten gut miteinander und füllen Sie das Gesichtstonikum in eine Sprühflasche.

2 Mit der alkoholischen Konservierung ist das Gesichtstonikum ca. 10 Wochen lang haltbar.

Tipp: Sprühen Sie das Gesichtstonikum morgens und abends auf die gereinigte Haut und klopfen Sie es leicht ein.

für trockene Haut

Zutaten

40 g Aloe Vera Purum

41 g Jasminhydrolat

8,5 g Ethanol (95 % Vol.)

0,1 g Allantoin

0,4 g Weizenprotein (Elastin)

2 g Seidenprotein

6 g Gurkenextrakt

3 g Da Zao-Extrakt

2 g Lipodermin

1 Das Aloe Vera Purum, das Jasminhydrolat und das Ethanol mischen und in eine Sprühflasche füllen. Die restlichen Zutaten dazugeben und alles kräftig schütteln, bis sich das Allantoin, das Weizenprotein und das Lipodermin vollständig aufgelöst haben.

2 Das Gesichtstonikum hält sich kühl und dunkel gelagert ca. 6 Wochen lang.

für reife Haut

Zutaten

11,5 g Grünteeextrakt (alkoholisch 70 % Vol.) oder 8,5 g Ethanol (95 % Vol.)

0,1 g Hyaluronsäure

80 g Rosenhydrolat

2 g Seidenprotein

0,1 g Vitamin C (Ascorbinsäure)

4,3 g Honig

2 g Glycerin

1 Geben Sie den Grünteeextrakt bzw. das Ethanol in ein Becherglas und fügen Sie unter Rühren die Hyaluronsäure hinzu.

2 Die restlichen Zutaten in ein zweites Becherglas geben und so lange rühren, bis sich der Honig und das Vitamin C vollständig gelöst haben. Gießen Sie nun unter Rühren die Extraktmischung hinzu. Eventuelle Klümpchen lösen sich in wenigen Stunden auf. Füllen Sie das Gesichtstonikum in eine Sprühflasche.

3 Kühl und dunkel gelagert ist das Gesichtstonikum ca. 4–6 Wochen haltbar.

Gesichtspflege

Die Gesichtspflege sollte wie auch die Gesichtsreinigung auf den individuellen Hauttyp abgestimmt sein. Daher sind unterschiedliche Pflegeprodukte gefragt: Je nach Hauttyp sollten die verwendeten Körperpflegeprodukte mal mehr und mal weniger reich an Fetten und Ölen sein und sie sollten unterschiedliche pflegende Substanzen enthalten. Letztendlich dürfen Sie auch ein bisschen ausprobieren und für sich entscheiden, welches Produkt Ihnen am meisten zusagt. Abwandlungen der vorgestellten Cremes sind selbstverständlich auch erlaubt. Neben Gesichtscremes auf der Basis von so unterschiedlichen exotischen Fetten wie Jojoba-, Argan-, Babassu- oder Papayaöl oder wie Shea- oder Mangobutter finden Sie in diesem Kapitel auch ein Hydro-Augengel und einen Lipgloss Blackberry. Klingt verführerisch, oder?

1

2

3

4

Hydro-Augengel mit Perlenextrakt

für trockene Haut

Zutaten

Phase A

20 g Nerolihydrolat

2,5 g Urea (Harnsäure)

1 g D-Panthenol

1 g Vitamin-E-Acetat

1,8 g Gurkenextrakt

Phase B

5,5 g Ethanol

0,7 g Xanthan transparent

Phase C

17 g Kornblumenhydrolat

0,1 g Hyaluronsäure

0,1 g Aloe Vera, 10 : 1

Phase D

6 Tropfen ätherisches Neroliöl

0,5 g rosafarbene Perlen (mit Perlenextrakt)

10 Tropfen Kaliumsorbatlösung, 5 : 1

1 Tropfen Milchsäure (für einen pH-Wert von 5,5)

1 Das Nerolihydrolat in ein Becherglas füllen und das Urea so lange unterrühren, bis es sich komplett aufgelöst hat. Dann das D-Panthenol, das Vitamin-E-Acetat und den Gurkenextrakt ebenfalls in der Lösung auflösen (siehe Arbeitsschritt 1).

2 Das Ethanol in ein zweites, großes Becherglas füllen und unter Rühren das Xanthan hinzugeben. Füllen Sie das Kornblumenhydrolat in ein drittes Becherglas und geben Sie unter Rühren die Hyaluronsäure und das Aloe Vera hinzu.

3 Rühren Sie ca. 30 Sek. lang mit dem Mixer Phase A in Phase B (siehe Arbeitsschrittbild 2) und rühren Sie dann mit einem Spatel weiter, bis sich ein klares Gel bildet. Vermengen Sie nun Phase C mit dem Gel (siehe Arbeitsschrittbild 3). Zum Schluss rühren Sie das ätherische Neroliöl, die rosafarbenen Perlen, die Kaliumsorbatlösung und die Milchsäure sorgfältig in das Gel ein (siehe Arbeitsschrittbild 4).

Lipgloss Blackberry

Zutaten

0,6 g Ceralan

0,6 g Olivem®

1,4 g Jojobaöl

5,3 g Phytolanolin

3,3 g Rizinusöl

3,5 g Farbpigment Ultramarin Rosa oder rosafarbene Tonerde

1,2 g Titandioxid

1,2 g Seidenweiß

0,6 g Vitamin E

2 Tropfen Lebensmittelaroma Brombeere

1 Geben Sie das Ceralan mit dem Olivem®, dem Jojobaöl, dem Phytolanolin und dem Rizinusöl in ein Becherglas (siehe Arbeitsschritt 1) und schmelzen Sie alles im Wasserbad, bis die Masse klar ist.

2 Rühren Sie so lange mit einem Glasstab die Pigmente ein, bis die Masse auf 35 °C abgekühlt ist (siehe Arbeitsschrittbild 2). Dann das Vitamin E und das Lebensmittelaroma hinzufügen. Zum Schluss das Lipgloss in eine Tube füllen (siehe Arbeitsschrittbild 3).

Tipp: Sie können anstatt des Phytolanolins auch Lanolin verwenden. Oder variieren Sie das Aroma: Ein ätherisches Zitronen- oder Orangenöl (in Bioqualität) mit einer Prise Stevia-Pulver riecht ebenfalls verführerisch. Außerdem können Sie mit der Farbe experimentieren. Verwenden Sie für dunklere Farben auch Mica Violet (Glanzpigment).

1

2

3

Cassis-Creme

für trockene Haut

Zutaten

Phase A (Wasserphase)

44 g Johannisbeerhydrolat

Phase B

5 g Ethanol

0,2 g Xanthan transparent

Phase C (Fettphase)

2 g Emulsan

3 g Lamecreme

2 g Avocadin®

8 g Jojobaöl

5 g Mandelöl

7 g Sheabutter

Phase D

10 g Johannisbeerhydrolat

2 g Natriumlactat

2 g Seidenprotein

3 g Urea (Harnsäure)

Phase E

3 g Johannisbeersamenöl

1 g Tocopherol

1 g Vitamin-E-Acetat

2 Tropfen Milchsäure

2 Tropfen Rosenöl

10–20 Tropfen Paraben K oder 18 Tropfen Kaliumsorbatlösung (5 : 1) (entspricht 0,2 g Kaliumsorbatgranulat)

1

2

3

1 Geben Sie das Johannisbeerhydrolat (44 g) in ein Becherglas und erhitzen Sie es auf 75 °C.

2 Geben Sie die Emulgatoren Emulsan und Lamecreme mit dem Avocadin®, dem Jojobaöl und dem Mandelöl in ein zweites Becherglas. Schmelzen Sie die Fette, bis sie klar sind, und erhitzen Sie sie ebenfalls auf 75 °C. Die Sheabutter hinzufügen und abwarten, bis sie geschmolzen ist.

3 Lösen Sie das Natriumlactat, das Seidenprotein und das Urea im verbliebenen Johannisbeerhydrolat (10 g) auf.

4 Geben Sie in ein weiteres Becherglas das Ethanol und lösen Sie darin das Xanthan auf.

5 Haben die Fett- und die Wasserphase genau dieselbe Temperatur (zwischen 70 und 75 °C), nehmen Sie die Bechergläser vom Herd und rühren das Ethanol-Xanthan-Gemisch in die Wasserphase, sodass die Konsistenz gelartig wird.

6 Diese Mischung mit einem Pürierstab auf hoher Stufe nach und nach in die Fettphase einrühren (siehe Arbeitsschrittbild 1). Nach ca. 5 Min. bildet sich eine stabile Emulsion (siehe Arbeitsschrittbild 2). Rühren Sie nun mit einem Glasstab oder Spatel weiter, bis die Creme auf 35 °C abgekühlt ist.

7 Geben Sie das Johannisbeerhydrolat mit dem Natriumlactat, dem Seidenprotein und dem Urea nach und nach dazu und verrühren Sie alles sorgfältig. Danach tropfenweise das Johannisbeersamenöl, das Tocopherol, das Vitamin-E-Acetat und das Rosenöl hinzufügen (siehe Arbeitsschrittbild 3).

8 Ermitteln Sie den pH-Wert der Creme und beeinflussen Sie ihn evtl., indem Sie 1–2 Tropfen Milchsäure hinzufügen. Möchten Sie die Creme mit Kaliumsorbatlösung konservieren, sollte der pH-Wert bei 5–5,4 liegen. Arbeiten Sie 18 Tropfen Kaliumsorbatlösung ein. Möchten Sie mit Paraben K konservieren, ist der pH-Wert nicht von Bedeutung.

9 Mit der Kaliumsorbatlösung konserviert, ist die Creme ca. 6 Wochen haltbar. Mit Paraben K konserviert, ist die Creme ca. 3–6 Monate haltbar (bei 10–20 Tropfen Paraben K).

Tipp: Der pH-Wert lässt sich am besten mit Stäbchen mit vier Farbfeldern ermitteln. Es dauert ca. 3–5 Min., bis der Indikator seine endgültige Farbe erreicht hat.

Jasmin-Hydrogel

für feuchtigkeitsarme, reife Haut

Zutaten

Phase A

40 g Jasminhydrolat

4 g Glycerin

3 g Seidenprotein

2,8 g Lipodermin

evtl. 1 Msp. Traubenextrakt

4 g Feuchtigkeitsfaktor NMF

Phase B

30 g Jasminextrakt (alkoholisch 70 % Vol.)

0,8 g Xanthan transparent

0,2 g Hyaluronsäure

Phase C

4 g Kaktusfeigenöl

4 g Arganöl

6 g Jojobaöl

1 g Vitamin-E-Acetat

5 Tropfen ätherisches Sandelholzöl

2 Tropfen ätherisches Ylang-Ylang-Öl

1 Mischen Sie zunächst alle Zutaten aus Phase A miteinander. Den Jasminextrakt in ein großes Becherglas geben und das Xanthan und die Hyaluronsäure darin verteilen. Die Zutaten aus Phase C mischen.

2 Geben Sie Phase A zu Phase B und verrühren Sie beides, bis sich ein Gel gebildet hat. Dann tropfenweise Phase C einrühren, bis die Mischung homogen ist. Zum Schluss das Hydrogel in einen Pumpspender füllen.

3 Das Hydrogel ist 4–6 Wochen lang haltbar.

Hydro-Lipid-Schüttellotion

für reife Haut

Zutaten

Phase A (Wasserphase)

42 g Rosenhydrolat

1,25 g Glycerin

4 g Seidenprotein

0,1 g Traubenextrakt (oder Rote-Beete-Extrakt)

1,25 g Urea (Harnsäure)

0,2 g Natriumlactat

1 Tropfen Milchsäure

0,1 g Aloe-Vera-Pulver, 10 : 1

0,1 g Hyaluronsäure

6,5 g Ethanol (95 % Vol.)

Phase B (Fettphase)

20 g Weizenkeimöl

12 g Arganöl

10 g Squalan

3,4 g Wildrosenöl

3 g Nachtkerzenöl

0,5 g Vitamin E

0,5 g Vitamin-E-Acetat

0,5 g Wildrosen-CO_2-Extrakt

0,1 g ätherische Ölmischung (1 Tr. Rose und 2 Tr. Sandelholz)

1 Das Rosenhydrolat in ein Becherglas füllen. Das Glycerin, das Seidenprotein und den Traubenextrakt in das Rosenhydrolat einrühren. Das Urea hinzugeben und rühren, bis sich alles aufgelöst hat. Nun das Natriumlactat und die Milchsäure ebenfalls so lange einrühren, bis sie sich aufgelöst haben.

2 Das Aloe-Vera-Pulver und die Hyaluronsäure ca. 1 Min. lang mit einem elektrischen Milchschäumer oder Mixer in das Ethanol einrühren. Dann diese Mischung sorgfältig mit der Wasserphase vermengen.

3 Die Zutaten für die Fettphase nach und nach miteinander mischen. Zum Schluss zunächst die Wasserphase, dann die Fettphase in eine Flasche füllen. Die Flasche vor Gebrauch schütteln, damit sich die Phasen verbinden.

4 Kühl und dunkel gelagert hält sich die Hydro-Lipid-Schüttellotion 4–6 Wochen lang.

Tipp: Das Urea löst sich in dem kalten Rosenhydrolat nur langsam auf. Um den Prozess zu beschleunigen, kann man das Urea vorher in einem Mörser zerreiben.

Teebaumcreme

für unreine Haut

Zutaten

Phase A (Wasserphase)

20 g Teebaumhydrolat

10,5 g Myrtenhydrolat

Phase B (Fettphase)

2 g Distelöl

2 g Traubenkernöl

4,5 g Babassuöl

1,5 g Squalan

1 g Cetylalkohol

2 g Xyliance

Phase C

6,5 g Neemextrakt

0,1 g Xanthan

Phase D

1 g Vitamin-E-Acetat

1 g Sodium PCA

5–10 Tropfen Paraben K

11 Tropfen ätherische Öle (2 Tr. Teebaum, 2 Tr. Manuka, 7 Tr. Zitrone)

1 Das Teebaum- und das Myrthenhydrolat in einem Becherglas auf 75 °C erhitzen. Geben Sie alle Zutaten aus Phase B in ein zweites Becherglas und erhitzen Sie sie ebenfalls auf 75 °C.

2 In der Zwischenzeit den Neemextrakt in ein kleines Becherglas geben und das Xanthan hineinrühren.

3 Haben die Wasser- und die Fettphase jeweils eine Temperatur von 75 °C erreicht, rühren Sie mit dem Milchschäumer oder mit dem Pürierstab das Neemextrakt-Xanthan-Gemisch in die Wasserphase ein, sodass ein dünnflüssiges Gel entsteht.

4 Geben Sie das Gel unter Rühren langsam in die Fettphase und rühren Sie es auf hoher Stufe ca. 1–2 Min. lang ein, bis die Emulsion stabil ist. Dann mit einem Glasstab weiterrühren, bis die Mischung auf 35 °C abgekühlt ist. Tropfenweise die Zutaten aus Phase D unterarbeiten. Die Teebaumcreme in einen Tiegel, eine Tube oder in einen Airless-Spender füllen.

5 Mit 5 Tropfen Paraben ist die Creme 3 Monate lang haltbar, mit 10 Tropfen 6 Monate.

Gesichtscreme mit Kamelien- und Papayaöl

für normale Haut und Mischhaut

Zutaten

Phase A (Wasserphase)

30 g Nerolihydrolat

1 g Glycerin

Phase B (Fettphase)

2,6 g Glycerinstearat SE

0,5 g Cethylalkohol

2 g Babassuöl

4 g Kameliensamenöl

2 g Sheabutter

2 g Papayaöl

Phase C

3 g Ehanol

0,1 g Xanthan

Phase D

1 g D-Panthenol

1 g Seidenprotein

1 Tropfen Milchsäure

2 Tropfen ätherisches Ylang-Ylang-Öl

2 Tropfen ätherisches Grüne-Mandarine-Öl

2 Tropfen ätherisches Neroliöl

5–10 Tropfen Paraben K (oder 0,25–0,75 g Optiphen)

1 Das Nerolihydrolat und das Glycerin in einem Becherglas im Wasserbad auf 75 °C erhitzen. Das Glycerinstearat SE, den Cetylalkohol, das Babassuöl und das Kameliensamenöl in ein zweites Becherglas geben und ebenfalls im Wasserbad auf 75 °C erhitzen.

2 Schalten Sie den Herd aus. Lassen Sie beide Bechergläser im Wasserbad stehen. Geben Sie die Sheabutter und das Papayaöl zur Fettphase.

3 In der Zwischenzeit das Xanthan in das Ethanol geben und beides unter Rühren zur Wasserphase hinzufügen.

4 Ist die Sheabutter vollständig geschmolzen, geben Sie die Wasserphase nach und nach unter Rühren zur Fettphase. Rühren Sie die Mischung auf hoher Stufe 1–2 Min. lang, bis sie homogen ist. Mit einem Glasstab oder Spatel weiterrühren, bis die Creme auf 35 °C abgekühlt ist. Dazu können Sie das Becherglas auch in ein kaltes Wasserbad stellen.

5 Geben Sie tropfenweise die Ethanol-Xanthan-Mischung hinzu und arbeiten Sie alles gut unter. Zum Schluss nach und nach die Zutaten aus Phase D hinzufügen. Die Gesichtscreme mit Paraben K oder Optiphen konservieren.

6 Die Gesichtscreme ist mit 5–10 Tropfen Paraben K 3–6 Monate lang haltbar.

Stutenmilchcreme

für trockene Haut

Zutaten

Phase A (Wasserphase)

40 g Stutenmilch

16 g Aloe Vera

5 g Glycerin

0,1 g Xanthan

Phase B (Fettphase)

2,5 g Emulsan

2,5 g Lamecreme

1 g Candelillawachs

10 g Jojobaöl

13 g Sheabutter

5 g Mangobutter

Phase C

2,5 g Nachtkerzenöl

1,5 g Wildrosenöl

1 g D-Panthenol

20 Tropfen Paraben K oder Phenonip (Liquid Parabens)

1 Geben Sie die Stutenmilch und das Aloe Vera in ein Becherglas und erhitzen Sie die Mischung im Wasserbad auf 75 °C. Lösen Sie das Xanthan im Glyzerin auf und geben Sie es unter Rühren in die heiße Wasserphase. Geben Sie das Emulsan, die Lamecreme, das Candelillawachs und das Jojobaöl in ein zweites Becherglas und erhitzen Sie die Zutaten ebenfalls im Wasserbad auf 75 °C.

2 Schalten Sie die Herdplatten aus. Lassen Sie die Bechergläser im Wasserbad stehen. Die Shea- und die Mangobutter in die Fettphase geben und so lange rühren, bis beide vollständig geschmolzen sind.

3 Geben Sie nach und nach die Wasserphase zur Fettphase und rühren Sie ca. 2 Min. lang auf hoher Stufe weiter, bis sich eine stabile Emulsion gebildet hat. Danach mit einem Spatel weiterrühren, bis die Creme auf 35 °C abgekühlt ist. Tropfenweise die Zutaten aus Phase C hinzufügen und unter die Creme rühren.

4 In Tiegel gefüllt und kühl gelagert hält die Creme ca. 8 Wochen lang.

Kamille & Honig-Creme

für trockene Haut

Zutaten

Phase A (Fettphase)

6,5 g Olivem®

1,5 g Avocadin®

9,5 g Sheabutter

10 g Olivenöl

4 g Squalan

3 g Candelillawachs

Phase B (Wasserphase)

41,9 g Kamillenhydrolat

Phase C

5,5 g Hanföl

5 g Nachtkerzenöl

5 g Avocadoöl

Phase D

6,9 g Kamillentinktur (75 % Vol.)

0,1 g Aloe Vera, 200 : 1

0,1 g Xanthan

1 g nicht wasserlösliche Seide oder Kaolin

10 Tropfen ätherische Öle (3 Tr. römische Kamille, 4 Tr. Honig, 3 Tr. Vanille)

1 Alle Zutaten aus Phase A in einem Becherglas abwiegen und auf dem Herd auf 80 °C erhitzen. In einem zweiten Becherglas das Kamillenhydrolat ebenfalls auf 80 °C erhitzen.

2 Geben Sie in der Zwischenzeit in einem dritten Becherglas unter Rühren das Aloe Vera und das Xanthan zu der Kamillentinktur.

3 Haben die Fett- und die Wasserphase beide genau dieselbe Temperatur (80 °C), rühren Sie mit einem Spatel oder einem Glasstab tröpfchenweise die Fett- und die Wasserphase zusammen, bei der Wasserphase beginnend. Achtung: Die Wasser-in-Öl-Emulsion kann nicht auf hoher Stufe mit einem Mixer oder Pürierstab gerührt werden. Auf ein Wasserbad sollten Sie ebenfalls verzichten, damit die Emulsion nicht zu schnell abkühlt.

4 Ist die Emulsion auf 35–40 °C abgekühlt, die Öle aus Phase C unterrühren. Dann die Kamillentinktur mit dem Aloe Vera und dem Xanthan hinzugeben. Die mattierend wirkende, nicht wasserlösliche Seide und die ätherischen Öle zum Schluss in die Creme einrühren. Die Creme hat einen hohen Fettanteil (50 %). Bis zum vollständigen Erkalten weiterrühren.

5 Die Creme ist ca. 8 Wochen lang haltbar.

Körperreinigung

Eine gründliche Reinigung ist die Voraussetzung für die anschließende Pflege Ihrer Haut. Aber die Reinigung selbst kann auch schon zu einem sinnlichen Erlebnis werden! Dafür sorgen die Badeschokolade, das Duschsmoothy, das Ölpeeling Red Rose und das Badeöl Rose & Vanille in diesem Kapitel – mit Garantie. Wenn Sie Kinder haben, werden diese vor der Badezimmertür Schlange stehen und Sie werden das leckere Erdbeer-Duschgel mit Glitter oder die schön wabbeligen Duschjellys leider teilen müssen. Selbst fürs Haar ist gesorgt und Sie können wählen zwischen einem praktischen Teebaumschampoo und dem geheimnisumwobenen Cleopatra's Secret. Also am besten Tür abschließen und sich dann völlig dem schäumenden Vergnügen hingeben.

Badeschokolade Schoko & Vanille

für jeden Hauttyp geeignet

Zutaten

Für 2 Tafeln Badeschokolade

100 g Kakaobutter

40 g Sheabutter

50 g Milchpulver

6 g Lysolecithin

Zusätzlich für Vanille

1 Vanilleschote

2 g Parfumöl Vanilla Bean

Zusätzlich für Schokolade

1 TL Kakaopulver

2 g Parfumöl Schokolade

1 Schmelzen Sie die Kakao- und die Sheabutter in einem Becherglas auf niedriger Stufe im Wasserbad. Die Fette sollten nicht zu heiß werden, damit sie ihre pflegenden Eigenschaften behalten und die Badeschokolade beim Aushärten schön aussieht.

2 Die Herdplatte ausschalten und das Milchpulver und das Lysolecithin zu den Fetten geben. Mit dem Pürierstab zu einer homogenen Masse verrühren und die Masse halbieren.

3 Fügen Sie der einen Hälfte das Mark der Vanilleschote und das Vanilleparfum und der anderen Hälfte das Kakaopulver und das Schokoladenparfum hinzu. Die Mischungen jeweils leicht abkühlen lassen, in Schokoladenformen füllen und vollständig auskühlen lassen. 2–3 Tage lang in den Formen ruhen lassen, damit die Kakaobutter aushärtet.

4 Die Badeschokolade hält ca. 6–12 Monate lang.

Tipp: Am besten kommt die Badeschokolade in Zellophanfolie verpackt zur Geltung. Sie können Sie aber auch in Staniolpapier einwickeln.

Duschjellies (mit SLS)

für normale und fettige Haut

Zutaten

150 g SLS Noodles oder 60 g flüssiges SLS

Phase A

2,5 g Carrageen (KAPPA)

2,5 g Kochsalz

0,3 g Polyesterglitter oder Mica

1 g Guarkernmehl

Phase B

170 g abgekochtes Leitungswasser

10 g Propylenglycol

130 g Glycerin

1 g Rote-Beete-Extrakt (oder anderer wasserlöslicher Farbstoff)

Phase C

60 g flüssiges Tensid

3,2 g Phenonip (Liquid Parabens)

8 g Parfumöl oder ätherische Öle (4 Tr. Minze und 4 Tr. Zitrone)

1 Zunächst aus den Noodles ein Flüssigtensid herstellen: Geben Sie 150 g SLS Noodles und 300 g Leitungswasser in ein Becherglas und kochen Sie beides unter vorsichtigem Rühren auf, bis sich das SLS vollständig aufgelöst hat. Falls sich eine Schaumschicht bildet, diese mit einer Kelle abschöpfen. Die Flüssigkeit abkühlen lassen. Es bildet sich ein klarer Sirup, der als Basis der Duschjellies dient.

2 Vermischen Sie in einem großen Becherglas das Carrageen mit dem Salz, dem Guarkernmehl und dem Polyesterglitter. In einem zweiten Becherglas das Leitungswasser mit dem Propylenglycol, dem Glycerin und dem Rote-Beete-Extrakt vermischen und die Mischung zum Kochen bringen. Alles unter Rühren in die Carrageen-Salz-Glitter-Mischung gießen und mit dem Schneebesen verrühren (siehe Arbeitsschrittbild 1). Es sollten sich keine Klümpchen bilden. Mit einem Glasstab weiterrühren.

3 60 g des (selbst hergestellten oder fertig gekauften) Flüssigtensids, das Phenonip und das Parfümöl in die Flüssigkeit einrühren (siehe Arbeitsschrittbild 2). Es sollte sich kein Schaum bilden. Die Mischung zügig in Formen gießen und ca. 1 Std. lang auskühlen lassen (siehe Arbeitsschrittbild 3). Jetzt können Sie die Jellies ausformen.

4 Die Duschjellies halten sich kühl gelagert ca. 3 Monate lang.

Tipps: Duschjellies sind toll für Kinder. Sie fühlen sich glibberig an wie Wackelpudding, sie glitzern, sie riechen gut und sie machen dabei auch noch sauber. Im Sommer kann man die Duschjellies eine Zeit lang in die Gefriertruhe legen. Dann sind sie immer noch wabbelig und gleichzeitig schön kühl und erfrischend.

Das erste Rezept mit SLS (Sodium Lauryl Sulfate) dauert in der Herstellung etwas länger als das zweite Rezept für Duschjellies ohne SLS. SLS ist in herkömmlichen Zahnpasten, Shampoos oder Duschgelen enthalten, aber umstritten. Ich verwende es selten, aber in manchen Rezepturen – wie auch hier – erzielt man damit die besten Ergebnisse. Möchten Sie auf SLS verzichten, verwenden Sie SLSA (Sodium Lauryl Sulfoacetat), ein für Naturkosmetik zugelassenes Tensid in Pulverform, wie es im zweiten Rezept für die Duschjellies verwendet wird.

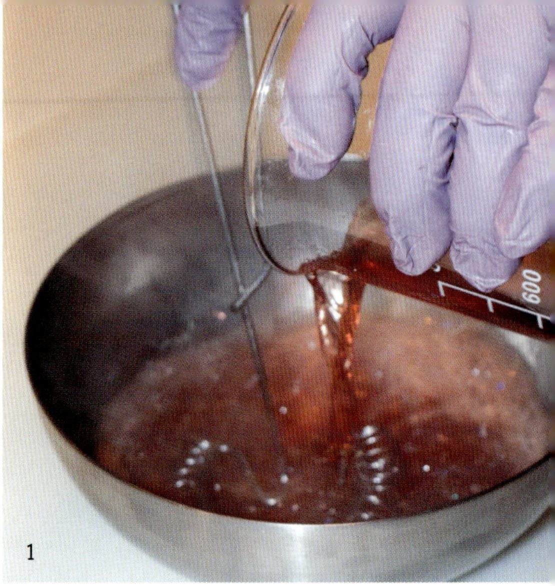

1

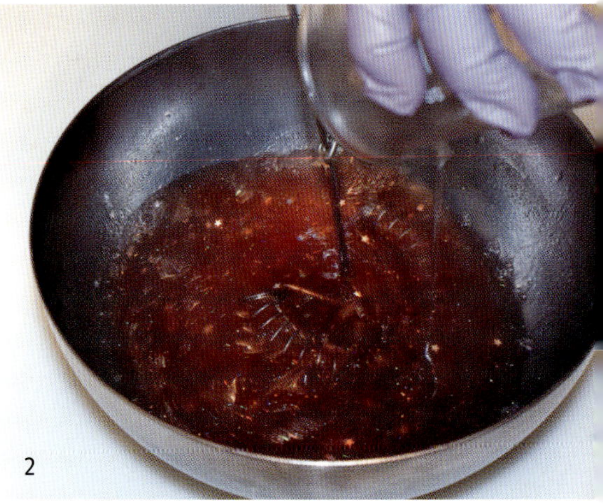

2

3

Duschjellies (mit SLSA)

für normale und fettige Haut

Zutaten

Phase A

2 g Carrageen (KAPPA)

0,5 g Guarkernmehl

2,6 g Salz

0,1 g Traubenextrakt (oder anderer wasserlöslicher Farbstoff)

0,5 g Polyesterglitter oder Mica

10 g Tensidpulver (Sodium Lauryl Sulfoacetat [SLSA] oder Disodium Lauryl Sulfosuccinate)

Phase B

300 g abgekochtes Leitungswasser

100 g Glycerin

Phase C

8 g Parfumöl (5 Tr. Orange und 3 Tr. Zedernholz)

2 g Phenonip

1 Vermischen Sie alle Zutaten aus Phase A in einem großen Becherglas. In einem zweiten Becherglas das Leitungswasser mit dem Glycerin zum Kochen bringen. Das Parfumöl und das Phenonip in ein drittes Becherglas geben.

2 Das kochende Leitungswasser mit Glycerin zu Phase A geben und alles mit dem Schneebesen durchrühren. Sollte sich Schaum bilden, diesen abschöpfen, bevor Sie das Parfumöl und das Phenonip untermischen. Die Flüssigkeit in Formen füllen und ca. 1,5 Std. lang kühl stellen.

Hinweis: Alternativ können Sie die Duschjellies auch in Tiegel füllen.

Ölpeeling Red Rose

für trockene, schuppige Haut

Zutaten

15 g Kokosnussöl

2 g Jojobawachs

2 g Ceralan

25,5 g MCT-Öl (Neutralöl)

20 g natives Sojaöl

10 g natives Sonnenblumenöl

8 g Lysolecithin (oder Mulsifan)

5 g Vitamin-E-Acetat

7 g rote Jojobabeads

1,2 g Kieselsäure

0,3 g Parfumöl Tea Rose

1 Das Kokonussöl, das Jojobawachs und das Ceralan in ein Becherglas geben und auf niedriger Stufe schmelzen lassen. Die Herdplatte ausschalten und die restlichen Öle hinzufügen und gut verrühren. Die Mischung vollständig auskühlen lassen. Das Lysolecithin bzw. Mulsifan, das Vitamin-E-Acetat und die Jojobabeads unterrühren.

2 Sind alle Zutaten gut vermischt, die Kieselsäure dazugeben und so lange verrühren, bis sie sich vollständig aufgelöst hat. Mischen Sie zum Schluss das Parfumöl in das Ölpeeling. Da das Ölpeeling kein Wasser enthält, muss es nicht konserviert werden.

Tipp: Sie können dem Ölpeeling auch 2 g Sanddornfruchtfleischöl zugeben und statt der roten Jojobabeads weiße Jojobabeads verwenden. Zu dem Sanddornfruchtfleischöl passt gut das ätherische Öl Orange.

Erdbeer-Duschgel mit Glitter

für alle Hauttypen geeignet

Zutaten

Phase A

90 g Wasser

10 g Glycerin

5 g D-Panthenol

2 g Seidenprotein

1 g Rote-Beete-Extrakt (oder 1 Msp. wasserlösliches rosafarbenes Farbpigment)

20 g Ethanol

1,5 g Xanthan transparent

Phase B

39 g Betain

20 g Tensidmischung HT

6 g Mandelöl

Phase C

4 g Parfumöl Erdbeere

1 g Polyesterglitter

15 Tropfen Zitronensäure (für einen pH-Wert von 5,5–6)

evtl. 20–40 Tropfen Paraben K

1 Mischen Sie das Wasser, das Glycerin, das D-Panthenol, das Seidenprotein und den Rote-Beete-Extrakt in einem Becherglas (siehe Arbeitsschrittbild 1).

2 Geben Sie das Ethanol in ein zweites Becherglas und fügen Sie unter Rühren das Xanthan hinzu. Gießen Sie unter ständigem Rühren das Wasser mit den anderen Zutaten zu der Ethanol-Xanthan-Mischung, sodass ein Gel entsteht (siehe Arbeitsschrittbild 2).

3 In einem dritten Becherglas das Betain, die Tensidmischung HT und das Mandelöl mischen. Diese Mischung vorsichtig in das Gel gießen und alles vorsichtig mit einem Mixer verrühren (siehe Arbeitsschrittbild 3). Das Parfumöl und den Polyesterglitter hinzufügen. Zum Schluss die Zitronensäure unterrühren. Zur Konservierung Paraben K dazugeben.

4 Der Alkohol konserviert das Duschgel 8–12 Wochen lang. Mit 40 Tropfen Paraben K hält sich das Erdbeer-Duschgel 6 Monate lang.

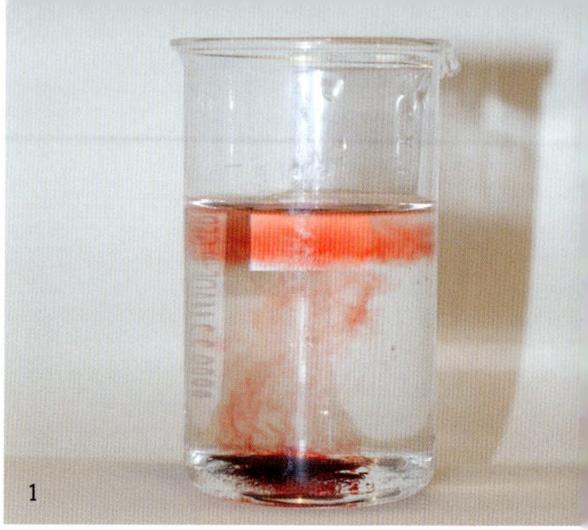

1

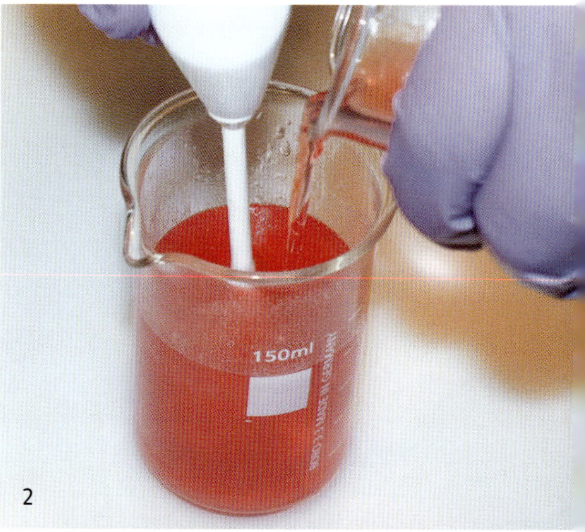

2

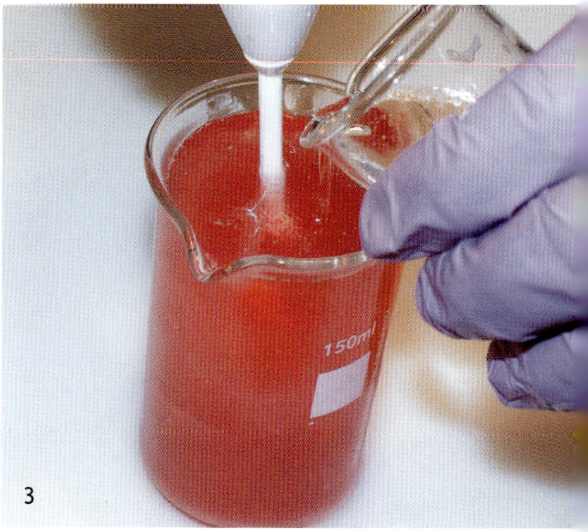

3

Waschlotion Marzipan-Mandel

für empfindliche, trockene Haut

Zutaten

25 g Facetensid

5 g Betain

2,5 g Sanfteen

2,5 g Fluidlecithin CM

2,5 g Pflaumenkernöl

75 g Mandelmilch

10 g Rewoderm

1 g Phenonip

2 Tropfen blausäurefreies Bittermandelöl

1 Mischen Sie das Facetensid, das Betain, das Sanfteen, das Fluidlecithin CM und das Pflaumenkernöl in einem Becherglas. Gießen Sie diese Mischung langsam unter Rühren mit dem Spatel in die Mandelmilch, bis die Masse homogen ist.

2 Das Rewoderm zum Verdicken der Waschlotion dazugeben. Je nach gewünschter Konsistenz können Sie auch weniger Rewoderm hinzufügen, als angegeben. Geben Sie das Bittermandelöl und das Phenonip hinzu. Füllen Sie die Waschlotion in einen Pumpspender oder in eine Flasche.

3 Ohne Konservierung hält sich die Waschlotion ca. 4 Wochen lang. Mit 1 g Phenonip ist sie 12 Wochen lang haltbar.

Duschsmoothy

für normale Haut

Zutaten

65 g Seife (am besten handgesiedet und duftfrei)

15 g Nerolihydrolat

8 g Glycerin

0,1 g Xanthan

15 g Aloe-Vera-Purum-Saft

2,5 g Seidenprotein

2,5 g D-Panthenol

1 g Optiphen

2,5 g Honig

5 g Sheabutter

5 g Jojobaöl

0,4 g Sanddornfruchtfleischöl

2 g ätherische Öle (1 g Ylang Ylang, 1 g Orange)

1 Die Seife mit einer Reibe fein raspeln und in ein Becherglas geben. In einem zweiten Becherglas das Nerolihydrolat zum Kochen bringen. Das Nerolihydrolat über die Seifenspäne gießen und die Seifenspäne quellen lassen.

2 In der Zwischenzeit das Glycerin in ein Becherglas geben und unter Rühren das Xanthan hinzufügen.

3 In das Becherglas, in dem Sie das Nerolihydrolat erhitzt haben, den Aloe-Vera-Saft, das Seidenprotein, das D-Panthenol, das Optiphen und den Honig geben. Rühren Sie so lange, bis sich der Honig vollständig aufgelöst hat. Dazu evtl. das Glas kurz auf die noch warme Herdplatte stellen. Die Flüssigkeit sollte dabei nicht wärmer als 35 °C werden, da sonst wertvolle Wirkstoffe zerstört werden.

4 Geben Sie unter Rühren die Glycerin-Xanthan-Mischung dazu, sodass ein Gel entsteht. Das Gel zu den gequollenen Seifenspänen geben.

5 Die Sheabutter schmelzen lassen und das Jojobaöl dazugeben. Das Öl stellen Sie zunächst auf die Seite.

6 Die Masse mit den Seifenspänen mit dem Handrührer, der Küchenmaschine oder dem Pürierstab auf hoher Stufe verrühren, bis sich eine homogene Masse bildet. Dann nach und nach das Öl unterrühren. 2–3 Min. lang weiterrühren, bis sich das Volumen der Masse ungefähr verdoppelt hat. Die Masse sollte aussehen wie geschlagene Sahne.

7 Zum Schluss das Sanddornfruchtfleischöl und die ätherischen Öle hinzufügen und die Masse in ein hübsches Glas oder eine Dose füllen.

Tipp: **Aus dem Duschsmoothy lässt sich leicht ein Peeling herstellen, indem Sie etwas Zucker, Mandelkleie, Stearinsäure oder Jojobabeads untermischen. Beim Untermischen von Salz trennt sich die Masse.**

Teebaumschampoo

gegen Schuppen

Zutaten

Phase A

40 g Plantapon® SF

6 g Lamesoft®

0,5 g Neemöl

0,5 g Brokkolisamenöl

Phase B

20 g Teebaumhydrolat

20 g Rosmarinhydrolat

Phase C

5 g Brennnesselextrakt

2,5 g Salbeiextrakt

2,5 g Neemextrakt

0,1 g Xanthan

1 g Piroctón Olamin

2 g Teebaumfluid

0,5 g Optiphen

1 g ätherisches Teebaumöl

0,4 g ätherisches Rosmarinöl

0,3 g ätherisches Salbeiöl

1 Tropfen grüne Lebensmittelfarbe

Milchsäure, 80 %, oder Zitronensäure (für einen pH-Wert von 5,5–7)

1 Mischen Sie alle Zutaten aus Phase A in einem Becherglas.

2 Den Brennesselextrakt, den Salbeiextrakt und den Neemextrakt in ein Becherglas füllen und unter Rühren das Xanthan hinzugeben. Das Teebaumhydrolat und das Rosmarinhydrolat ebenfalls einrühren, sodass die Konsistenz gelartig wird.

3 Geben Sie nach und nach das Piroctón Olamin, das Teebaumfluid und das Optiphen in das Gel. Gießen Sie vorsichtig Phase A in diese Mischung und verrühren Sie alles gut mit einem Spatel. Es sollte kein Schaum entstehen. Nun die ätherischen Öle und die Lebensmittelfarbe hinzufügen.

4 Messen Sie den pH-Wert und geben Sie tropfenweise Milch- oder Zitronensäure hinzu, bis der pH-Wert bei 5,5–7 liegt.

Zwei-Phasen-Badeöl Rose & Vanille

für reife Haut

Phase A

30 g Plantapon® SF

30 g Rosenwasser

7,5 g Glycerin

1 g Optiphen

1 g Perlatin

1 Msp. Farbpigment Rosenrot

Phase B

22 g Jojobaöl

34,4 g Mandelöl

12 g Nachtkerzenöl

11 g Hagebuttenkernöl

0,1 g Hagebutten-CO_2-Extrakt

0,5 g Parfumöl Rose

0,5 g Parfumöl Vanille

1 Mischen Sie alle Zutaten aus Phase A in einem Becherglas und alle Zutaten aus Phase B in einem zweiten Becherglas.

2 Gießen Sie zunächst Phase A in eine 150-ml-Flasche. Füllen Sie dann Phase B ein.

3 Die Flasche mit dem Badeöl vor Gebrauch schütteln, damit sich die beiden Phasen vermischen.

1

2

3

Cleopatra's Secret

für trockenes, strapaziertes Haar

Zutaten

Phase A (Wasserphase)

50 g destilliertes Wasser

2 g Montanov™ S

Phase B

45 g Facetensid

2 g Perlatin

3 g Brokkolisamenöl

2 g Fluidlecithin CM

Phase C

18 g Eselmilchpulver

7 g D-Panthenol

10 g Honig

0,5 g Elastin

13,5 g Rewoderm

1 g Parfumöl Vanille

1 g Parfumöl Honig

1 g Phenonip

Milchsäure (für einen pH-Wert von 5,5–7)

1 Das destillierte Wasser in einem Becherglas zum Kochen bringen und darin das Montanov™ S auflösen. Während das Wasser abkühlt, die Zutaten aus Phase B miteinander mischen (siehe Arbeitsschritt 1).

2 Ist das Wasser auf 35 °C abgekühlt, das Milchpulver dazugeben und kurz mit einem Schneebesen oder mit dem Pürierstab verquirlen. Geben Sie das D-Panthenol, den Honig und das Elastin hinzu und verrühren Sie alles, bis sich der Honig aufgelöst hat.

3 Gießen Sie Phase B in die Wasserphase und vermischen Sie alles vorsichtig mit einem Spatel, sodass kein Schaum entsteht (siehe Arbeitsschritt 2). Verdicken Sie das Schampoo mit Rewoderm so lange, bis es die gewünschte Konsistenz hat. Achtung: Rewoderm dickt mit der Zeit nach.

4 Mischen Sie die Parfumöle und das Phenonip in das Schampoo (siehe Arbeitsschrittbild 3). Messen Sie den pH-Wert und geben Sie tropfenweise Milchsäure hinzu, bis der pH-Wert bei 5,5–7 liegt.

Tipp: Sollten Sie zu viel Rewoderm hinzugefügt haben, verdünnen Sie das Schampoo einfach mit etwas Wasser.

Körperpflege

Pflege von Kopf bis Fuß für jeden Hauttyp ist das Thema dieses Kapitels. Einen Anhaltspunkt, welche Produkte für Ihre Haut besonders geeignet sind, finden Sie insbesondere in den Hinweisen zu den Fettanteilen der Cremes. Je trockener und reifer die Haut ist, desto mehr sollte sie durch Öle vor weiterem Austrocknen geschützt werden. Aber lassen Sie sich bei Ihrer Wahl ruhig auch von so vielversprechenden Ingredienzen wie der Kokossahne und der Mangobutter, den Parfumölen Ananas, Maiglöckchen und Frangipani oder den Hydrolaten von Zitronen, Rosen oder Weihrauch locken. Neben den Bodylotionen und Bodybuttern finden Sie ein erfrischendes Sonnenspray für besonders heiße Tage, ein feuchtigkeitsspendendes After-Sun-Gel, den Bodysplash „Hallo wach!“, der Sie garantiert munter macht, und ein sehr wohlriechendes Jasmin-Sandelholz-Körperpuder für besondere Stunden.

Hydro-Lipid-Schüttellotion

für fettige, unreine Haut

Zutaten

Phase A (Wasserphase)

18 g Teebaumhydrolat

17,5 g Zitronenhydrolat

1,4 g Glycerin

2 g Seidenprotein

4 g Urea (Harnsäure)

0,25 g Natriumlactat

0,25 g Milchsäure (ca. 6 Tropfen)

0,1 g Hyaluronsäure

6,5 g Ethanol (95 % Vol.)

evtl. grüne oder gelbe Farbe auf Pflanzenbasis

Phase B (Fettphase)

6 g Babassuöl

10 g Distelöl

8 g Traubenkernöl

6,60 Hanföl

5 g MCT-Öl (Neutralöl)

3 g Nachtkerzenöl

10 g Squalan

0,5 g Vitamin-E

0,5 g Vitamin-E-Acetat

0,4 g ätherische Öle (4 Tr. Teebaum, 3 Tr. Manuka, 2 Tr. Cajeput, 3 Tr. Zedernholz)

1 Das Teebaum- und das Zitronenhydrolat in ein kleines Becherglas (8–10 ml) füllen. Das Glycerin und das Seidenprotein in die Hydrolate einrühren.

2 Das Urea hinzugeben und so lange verrühren, bis es sich aufgelöst hat. Das Urea löst sich in kalter Flüssigkeit nur langsam auf. Evtl. vorher in einem kleinen Mörser zerreiben, um den Prozess zu beschleunigen. Das Natriumlactat und die Milchsäure ebenfalls einrühren, bis sich alles gelöst hat.

3 Die Hyaluronsäure mit dem Ethanol ca. 1 Min. lang mit einem elektrischen Milchschäumer oder einem anderen Rührgerät in einem zweiten Becherglas verrühren. Diese Mischung unter Rühren der Hydrolatmischung hinzufügen, sodass die Konsistenz gelartig wird. Evtl. mit grüner oder gelber Farbe auf Pflanzenbasis einfärben, damit sich die Phasen in der Flasche voneinander abheben.

4 Das Babassuöl in einem Becherglas schmelzen, bis es klar wird. Nacheinander die verschiedenen Öle, das Squalan, das Vitamin E und das Vitamin-E-Acetat sowie die ätherischen Öle zugeben.

5 Zunächst die Wasserphase, dann die Fettphase vorsichtig nacheinander in die Flasche füllen. Vor Gebrauch die Flasche schütteln, damit sich die Phasen miteinander vermischen.

6 Kühl und dunkel gelagert hält sich die Schüttellotion ca. 4–6 Wochen lang. Sie kann zusätzlich mit Kaliumsorbatlösung konserviert werden.

Tipp: **Die Lotion sollte einen pH-Wert von 5–5,5 haben. Wenn Sie zusätzlich mit Kaliumsorbatlösung konservieren, sollten Sie zuerst das Konservierungsmittel hinzufügen, bevor Sie den pH-Wert mit der Milchsäure einstellen. Als Optimum gilt für Urea ein pH-Wert von ca. 6,2.**

Piña-Colada-Bodybutter

für normale und trockene Haut

Zutaten

Phase A (Fettphase)

7 g Emulsan

1,5 g Candelillawachs

35 g natives Kokosnussöl (duftend)

14 g Sheabutter

Phase B (Wasserphase)

73,5 g Kokossahne oder destilliertes Wasser

5 g Glycerin

Phase C

2 g D-Panthenol

1 g Phenonip (bzw. 0,5 g, wenn Sie anstelle der Kokossahne Wasser verwenden)

1 g Parfumöl Ananas (oder Piña Colada)

1 Schmelzen Sie den Emulgator (Emulsan), das Candelillawachs und das Kokosnussöl und erhitzen Sie die Mischung auf 75 °C. Schalten Sie die Herdplatte aus und geben Sie die Sheabutter in kleinen Flöckchen hinzu. Bringen Sie in einem zweiten Becherglas die Kokossahne (bzw. das Wasser) und das Glycerin zum Kochen und lassen Sie die Mischung auf 70 °C abkühlen. Wenn die Sheabutter geschmolzen ist, sollten beide Phasen eine Temperatur von 70 °C haben.

2 Gießen Sie die Wasserphase (Kokossahne und Glyzerin) schluckweise zur Fettphase und rühren Sie mit dem Pürierstab auf hoher Stufe 2–3 Min. lang die Mischung zu einer stabilen Emulsion. Danach mit einem Glasstab weiterrühren, bis die Emulsion auf 35 °C abgekühlt ist. Geben Sie das D-Panthenol, das Phenonip und das Parfumöl hinzu und rühren Sie alles gut unter.

3 Die Bodybutter ist ca. 4 Wochen lang haltbar.

Hinweis: Die Menge an Konservierungsmitteln kommt Ihnen vielleicht etwas hoch vor. Sie ist wegen der frischen Zutaten (Kokossahne) jedoch unerlässlich. Sollten Sie die Bodybutter mit Wasser herstellen, reichen 0,5 g Phenonip völlig aus.

Mango-Aprikosen-Lotion (20 % Fett)

für normale Haut

Zutaten

Phase A

5 g Aprikosenöl

3 g Kameliensamenöl

2 g MCT-Öl (Neutralöl)

1 g Cetylalkohol

4,5 g Glycerinstearat SE

3 g Mangobutter

Phase B

48 g Nerolihydrolat

Phase C

12 g Ethanol (95 % Vol.)

0,4 g Xanthan transparent

10 g Nerolihydrolat

1 g Glycerin

2 g Algengel

2 g Gurkenextrakt

Phase D

20 Tropfen Paraben K

evtl. 1 Tropfen Milchsäure, 80 %

10 Tropfen Aprikosenaroma

10 Tropfen Mangoaroma

1 Geben Sie alle Zutaten aus Phase A außer der Mangobutter in ein Becherglas und erhitzen Sie sie im Wasserbad auf 65 °C. Phase B ebenfalls in ein Becherglas geben und im Wasserbad auf 65 °C erhitzen.

2 In der Zwischenzeit das Xanthan im Ethanol verrühren. Die restlichen Zutaten aus Phase C in einem weiteren Becherglas mischen und in die Ethanol-Xanthan-Mischung einrühren, bis sich ein Gel bildet.

3 Wenn die Fett- und die Wasserphase 65 °C erreicht haben, die Mangobutter zur Fettphase geben und so lange rühren, bis sie geschmolzen ist.

4 Rühren Sie die Wasserphase max. 1 Min. lang auf hoher Stufe in die Fettphase ein, bis eine stabile Emulsion entstanden ist. Dann mit einem Glasstab oder Spatel weiterrühren. Ist die Emulsion auf 30–35 °C abgekühlt, sie unter Rühren zu Phase C geben und alles gut miteinander vermischen. Zum Schluss die Aromen hinzufügen.

5 Falls Sie zusätzlich mit Paraben K konservieren, messen Sie jetzt den pH-Wert. Liegt dieser über 8, vorsichtig einen Tropfen Milchsäure hinzugeben. Paraben K konserviert nur bis zu einem pH-Wert von 8. Achtung: Schon der eine Tropfen Milchsäure kann zur Phasentrennung führen. Verdünnen Sie besser die Milchsäure mit etwas destilliertem bzw. abgekochtem Wasser (5 : 1).

6 Zum Schluss die Mango-Aprikosen-Lotion in einen Pumpspender füllen. Die Konservierung mit 12 % Alkohol macht die Lotion 10–12 Wochen lang haltbar. Mit Paraben K können Sie die Konservierung verlängern.

Tipp: Ich habe Lebensmittelaromen verwendet, da bei diesen die Düfte Mango und Aprikose „echter" riechen als bei den Parfumölen. Ich verwende dieselben Aromen, die ich auch für Lipbalm und Lipgloss nehme.

Hinweis: Der Emulgator Glycerinstearat SE ist nicht so leicht zu verarbeiten wie der Emulgator Emulsan, da die Emulsionen instabil werden und sich trennen können. Erstens sollten die Temperaturen der Fett- und der Wasserphase 65 °C nicht überschreiten. Zweitens reagiert Glycerinstearat SE empfindlich auf Säuren und Mineralsalze. Der optimale pH-Wert für Glycerinstearat liegt bei 6,8–8,2 (leicht basisch). Daher nicht mit Kaliumsorbatlösung oder anderen Konservierungsmitteln konservieren, die einen leicht sauren pH-Wert benötigen. Drittens darf Glycerinstearat nicht stark gerührt werden. Verwenden Sie anstatt des Pürierstabes lieber den Milchschäumer und rühren Sie nur kurz auf hoher Stufe. Sobald sich die Phasen verbunden haben, mit einem Glasstab oder Spatel weiterrühren. Beim Abkühlen dickt die Emulsion nach.

Himbeer-Cassis-Bodylotion (25 % Fett)

für trockene Haut

Zutaten

Phase A

55 g Johannisbeerhydrolat

1 Msp. Pigment Rosenrot (oder 1 Tr. Rote-Beete-Extrakt)

Phase B

3 g Emulsan

1,5 g Cetearylalkohol

6 g Mandelöl

9 g Babassuöl

3 g Sheabutter

Phase C

10 g Johannisbeerhydrolat

1,5 g Aloe-Vera-Pulver, 10 : 1

0,5 g Elastin

5 g Feuchtigkeitsfaktor NMF

Phase D

2,5 g Himbeersamenöl

1 g Tocopherol

1 g Vitamin-E-Acetat

1–2 Tropfen Milchsäure, 80 %

10 Tropfen Parfumöl Himbeere

10–20 Tropfen Paraben K (alternativ: 20 Tropfen Kaliumsorbatlösung, 5 : 1)

1 Die Zutaten der Phase A im Wasserbad auf 75 °C erhitzen. Die Zutaten der Phase B außer der Sheabutter in einem zweiten Becherglas ebenfalls im Wasserbad auf 75 °C erhitzen.

2 Geben Sie in der Zwischenzeit das Johannisbeerhydrolat aus Phase C in ein kleines Becherglas und fügen Sie unter Rühren mit dem Milchschäumer zuerst das Aloe-Vera-Pulver, dann das Elastin und den Feuchtigkeitsfaktor NMF hinzu.

3 Sobald die Fett- und die Wasserphase die gleiche Temperatur haben, die Herdplatte ausstellen und die Sheabutter in die Fettphase einrühren, bis sie vollständig geschmolzen ist.

4 Die Wasserphase nach und nach mit dem Pürierstab auf hoher Stufe 2–3 Min. lang in die Fettphase einrühren, bis sich eine stabile Emulsion gebildet hat. Rühren Sie mit einem Spatel weiter, bis sich die Creme auf 35 °C abgekühlt hat. Jetzt das Himbeersamenöl, das Tocopherol und das Vitamin-E-Acetat tröpfchenweise unterrühren.

5 Den pH-Wert mit 1–2 Tropfen Milchsäure auf 5,5 einstellen. Danach die Bodylotion mit 10 Tropfen Paraben K oder mit 20 Tropfen Kaliumsorbatlösung konservieren. Falls Sie mit Kaliumsorbatlösung konservieren, das Granulat in Phase C einrühren, bevor Sie Phase C der Emulsion zufügen. Füllen Sie zum Schluss die Bodylotion in eine Dose oder in eine Flasche.

6 Die Bodylotion ist 3 Monate lang haltbar, mit der doppelten Menge Paraben K 6 Monate lang.

Bodybutter mit Argan- und Granatapfelöl (30 % Fett)

für trockene, reife Haut

Zutaten

Phase A

8 g Jojobaöl

6 g Arganöl

6 g Mangobutter

3 g Emulsan

3 g Cetylalkohol

Phase B

53 g Rosenhydrolat

2,3 g Glycerin

Phase C

5,2 g Ethanol (95 % Vol.)

0,1 g Xanthan

Phase D

5 g Feuchtigkeitsfaktor NMF

2 g D-Panthenol

0,4 g Kollagen

4 g Granatapfelkernöl

1 g (ca. 20 Tr.) Kaliumsorbatlösung, (5 : 1) (entspricht 0,2 g Kaliumsorbatgranulat)

1 g (ca. 20 Tr.) Parfumöl Maiglöckchen

2 Tropfen Milchsäure, 80 % (für einen pH-Wert von 5,5)

1 Geben Sie alle Zutaten aus Phase A außer der Mangobutter in ein Becherglas und erhitzen Sie sie auf 75 °C. In einem zweiten Becherglas das Rosenhydrolat und das Glycerin vermischen und beides ebenfalls auf 75 °C erhitzen.

2 Geben Sie in der Zwischenzeit das Ethanol in ein drittes Becherglas und lösen Sie das Xanthan darin auf.

3 Schalten Sie die Herdplatte aus, sobald die richtige Temperatur erreicht ist. Lassen Sie die Bechergläser im Wasserbad stehen. Geben Sie die Mangobutter zur Fettphase und rühren Sie so lange, bis diese vollständig geschmolzen ist.

4 Die Ethanol-Xanthan-Mischung in die Wasserphase einrühren, sodass ein dünnflüssiges Gel entsteht.

5 Nach und nach die Wasserphase zur Fettphase geben und beides 2–3 Min. lang mit dem Pürierstab oder dem Milchschäumer auf hoher Stufe verrühren, bis eine stabile Emulsion entsteht. Dann mit einem Spatel weiterrühren, bis die Emulsion auf 35 °C abgekühlt ist. Tröpfchenweise das Granatapfelkernöl, dann die restlichen Zutaten aus Phase D dazugeben. Füllen Sie zum Schluss die Bodybutter in eine Dose.

6 Die Bodybutter ist 3 Monate lang haltbar.

Bodybutter Hanf & Avocado

(40 % Fett)

für trockene, schuppige Haut

Zutaten

Phase A (Fettphase)

1 g Avocadin®

15 g Macadamianussöl

5 g Avocadoöl

8 g Sheabutter

6 g Lamecreme

Phase B (Wasserphase)

35 g Weihrauchhydrolat

Phase C

0,4 g Allantoin

12 g Weihrauchhydrolat

2,5 g Aloe-Vera-Pulver, 10 : 1

Phase D

6 g Ethanol

0,1 g Xanthan

Phase E

5 g Hanföl

2 g Tocopherol

1 g Kaliumsorbatlösung, 5 : 1 (ca. 20 Tr.)

evtl. 1 Tropfen Milchsäure

1 Geben Sie alle Zutaten aus Phase A außer der Sheabutter in ein Becherglas und erwärmen Sie sie im Wasserbad auf 75 °C. Das Weihrauchhydrolat (35 g) in einem zweiten Becherglas ebenfalls auf 75 °C erhitzen.

2 Geben Sie in der Zwischenzeit das Ethanol in ein drittes Becherglas und verteilen Sie das Xanthan darin.

3 Sobald die Fett- und die Wasserphase jeweils die Temperatur von 75 °C erreicht haben, schalten Sie die Herdplatten aus. Geben Sie die Sheabutter zur Fettphase und rühren Sie so lange, bis sie vollständig geschmolzen ist.

4 Das Allantoin zum restlichen Weihrauchhydrolat (12 g) geben und so lange rühren, bis es sich aufgelöst hat. Geben Sie unter Rühren das Aloe-Vera-Pulver hinzu, sodass sich ein Gel bildet.

5 Rühren Sie die Ethanol-Xanthan-Mischung in die Wasserphase, bis die Konsistenz gelartig wird. Vermengen Sie die Mischung nach und nach in der Fettphase, indem Sie mit dem Pürierstab auf hoher Stufe 2–3 Min. lang rühren, bis eine stabile Emulsion entsteht. Rühren Sie mit einem Spatel weiter, bis die Emulsion auf 35 °C abgekühlt ist.

6 Geben Sie vorsichtig und unter Rühren Phase C zur Emulsion. Zum Schluss tropfenweise zuerst das Hanföl, dann die restlichen Zutaten aus Phase D hinzugeben. Den pH-Wert messen und evtl. einen Tropfen Milchsäure hinzufügen. Die Bodybutter in einen Tiegel füllen.

Tipp: Wer möchte, kann die Bodybutter mit einem zusätzlichen Duft versehen. Sie duftet jedoch auch so schon angenehm. Da die Bodybutter sehr reichhaltig ist, pflegt sie besonders gut die vom Baden aufgeweichte Haut.

Sonnenspray

für trockene Haut

Zutaten

0,1 g Hyaluronsäure

5 g Ethanol (95 % Vol.)

4 g D-Panthenol

5 g Aloe Vera, 10 : 1

5 g Urea (Harnstoff)

4 Tropfen Squalan

80 g destilliertes Wasser

Alle Zutaten außer dem Wasser in eine Sprühflasche (100 ml) füllen. Die Flasche mit dem destillierten und abgekühlten Wasser auffüllen. Die Flasche vor Gebrauch schütteln, damit sich die ätherischen Öle mit dem Wasser verbinden.

Varianten

Um den Kühleffekt zu erhöhen, können Sie eine Messerspitze Mentholkristalle im warmen Wasser auflösen oder das Wasser durch Pfefferminzhydrolat ersetzen.

Anstatt des Ethanols können Sie auch Pflanzenextrakte verwenden (z. B. Tigergrasextrakt). Da die Extrakte meist nur einen Alkoholgehalt von 70 % haben, verwenden Sie 1 g Extrakt und 75 g Wasser, verringern also die Menge an Wasser, mit der Sie auffüllen.

Soll das Sonnenspray auch gegen Mücken helfen, geben Sie je 1 g Teebaum- und Lavendelöl hinzu.

After-Sun-Gel

Zutaten

Phase A

6 g Ethanol

1,8 g Xanthan transparent

Phase B

0,5 g Aloe-Vera-Pulver, 200 : 1

0,1 g Hyaluronsäure

3 g Glycerin

34 g Kamillenhydrolat

Phase C

40 g Lavendelhydrolat

2 g D-Panthenol

5 g Urea (Harnsäure)

1 g Natriumlactat

7 Tropfen Milchsäure, 80 %

evtl. 0,1 g Traubenextrakt (Farbstoff)

Phase D

6 g MCT-Öl (Neutralöl)

0,5 g Optiphen oder 20 Tropfen Paraben K

10 Tropfen ätherisches Lavendelöl extra

10 Tropfen ätherisches Ylang-Ylang-Öl

evtl. 1 Teelöffel Q10-Perlen

1 Geben Sie das Ethanol in ein großes Becherglas und verteilen Sie darin das Xanthan.

2 Vermischen Sie in einem weiteren Becherglas das Aloe-Vera-Pulver und die Hyaluronsäure mit dem Glycerin und dem Kamillenhydrolat. Eventuelle Klümpchen lösen sich nach einiger Zeit auf.

3 Verrühren Sie in einem dritten Becherglas die Zutaten aus Phase C, bis sich alles gut aufgelöst hat. Dann ca. 30 Sek. lang auf hoher Stufe mit dem Mixer Phase C in Phase A einrühren (siehe Arbeitsschritt 1). Mit einem Spatel weiterrühren, bis eine gelartige Konsistenz erreicht wird (siehe Arbeitsschrittbild 2). Phase B beifügen, dann nacheinander alle Zutaten aus Phase D.

Tipp: Die Q10-Perlen werden verwendet, weil sie mit ihrer goldenen Farbe in dem After-Sun-Gel so hübsch aussehen. Q10 soll jedoch auch die Zellteilung fördern, als Radikalfänger wirken und vorzeitiger Hautalterung vorbeugen. Auch der Traubenextrakt (Farbstoff), von dem man im Übrigen nichts auf der Haut sieht, ist nicht notwendig, aber schön fürs Auge.

1

2

Bodysplash „Hallo wach!"

Zutaten

Phase A

70 g Zitronenhydrolat

3 g Urea (Harnsäure)

2 g Natriumlactat

0,3 g Milchsäure (ca. 10 Tropfen)

4,5 g Algengel

5 g Gurkenextrakt

2 g Glycerin

Phase B

12 g Ethanol

0,2 g Hyaluronsäure

0,1 g Xanthan transparent

Phase C

20 Tropfen Paraben K

2 Tropfen ätherisches Zitronenöl

2 Tropfen ätherisches Pink-Grapefruit-Öl

2 Tropfen ätherisches Limettenöl

2 Tropfen ätherisches Grüne-Mandarine-Öl

3 Tropfen ätherisches Frangipani-Öl oder Frangipani-Parfumöl

1 Mischen Sie zunächst alle Zutaten aus Phase A in einem Becherglas. Geben Sie das Ethanol in ein großes Becherglas (150 ml) und vermischen Sie die Hyaluronsäure und das Xanthan darin. Nun geben Sie unter Rühren mit einem Spatel Phase A zu Phase B. Rühren Sie so lange, bis sich ein dünnflüssiges Gel gebildet hat.

2 Fügen Sie zum Schluss die Zutaten aus Phase C hinzu. Füllen Sie das Bodysplash in eine Sprühflasche und lagern Sie es im Kühlschrank, damit der „Hallo wach!"-Effekt stärker ist.

3 Kühl gelagert ist das Bodysplash 3 Monate lang haltbar.

Tipp: Ätherisches Frangipani-Öl ist teuer. Falls Sie nicht so viel Geld ausgeben möchten, können Sie auch Frangipani-Parfumöl verwenden, das ebenso gut oder sogar besser duftet.

Jasmin-Sandelholz-Körperpuder

Zutaten

Phase A

16 g Kaolin (weiße Tonerde)

10 g Maisstärke

6 g Seidenpuder

3 g Low-Luster-Pigment

2 g Magnesiumstearat

1 g Zinkoxid

Phase B

10 g Kakaobutter

3 Tropfen ätherisches Jasmin-sambac-Öl

5 Tropfen ätherisches Sandelholzöl

1 Geben Sie alle Zutaten aus Phase A in einen Ziploc®-Beutel und kneten Sie den Beutel einige Minuten lang, damit sich die Zutaten vermischen.

2 Geben Sie die Kakaobutter in ein Becherglas und schmelzen Sie sie im Wasserbad.

3 Verteilen Sie 20 Tropfen der geschmolzenen Kakaobutter und die ätherischen Öle gleichmäßig in dem Puder im Beutel. Verschließen Sie den Beutel wieder und kneten Sie den Inhalt nochmals kräftig durch.

4 Das Puder in einen Mörser geben und sorgfältig zerreiben, indem Sie den Stößel drehend bewegen. Zum Schluss das Puder durch ein Sieb in eine Puderdose füllen.

Über die Autorin

Jinaika Jakuszeit, Mutter von vier Kindern, beschäftigt sich seit zehn Jahren mit dem Herstellen von Naturkosmetik und Seife. Ihr großes Hintergrundwissen hat sie sich über viele Jahre hinweg selbst angeeignet. Sie besaß dabei genug Mut und Energie, aus dieser Leidenschaft heraus die berufliche Selbstständigkeit anzupacken und umzusetzen. Mit viel Erfahrung und Liebe zum Detail haben sich ihre Produkte in den letzten Jahren zu etwas ganz Besonderem entwickelt. Die Produktbeschreibungen ihrer selbst entwickelten Kosmetika lesen sich wie kleine Gedichte. Ihr Fachwissen, welches auch aus ihrem Heilpraktikerstudium rührt, und ihre sprudelnde Kreativität nutzt Jinaika Jakuszeit nicht nur für die Umsetzung immer neuer Ideen und Rezepte, sondern sie gibt dieses auch in Kursen, Workshops und Schulungen weiter.

Danke!

In diesem Buch möchte ich die Gelegenheit ergreifen, mich bei einigen Menschen zu bedanken, die mir vieles von dem, was ich heute weiß, beigebracht haben. Allen voran danke ich meiner Freundin Petra Neumann, bei der ich viel über Chemie und Kosmetik gelernt habe und die mir bei der Optimierung einiger Rezepturen geholfen hat. Von ihr stammt das Rezept für das Sonnenspray von Seite 136/137. Außerdem meiner Kollegin und meinem größten Vorbild Brigitte Bräutigam, deren Kosmetikbücher ich verschlungen habe und ohne die ich wahrscheinlich heute noch nicht wüsste, wie man eine Creme rührt. Meinen Freundinnen Andrea Gerlach und Dorothee Matheuser, aus deren Feder der Text zu meiner Person stammt und auf deren ehrliche Meinung ich immer zählen kann.

Ich möchte mich bei meinen Eltern bedanken, die mich immer unterstützen, und natürlich und am allermeisten bei meinem Mann und meinen vier Kindern, die ohne zu murren alles testen, was ich zusammenrühre, und auf die ich mich immer verlassen kann, auch wenn's mal stressig wird.

Bei Fragen zu Rezepten können Sie mich über meinen Blog http://traumseifen.blogspot.com jederzeit erreichen. Ich helfe gerne.

KREATIV-HOTLINE

Hilfestellung zu allen Fragen, die Materialien und Bücher zu kreativen Hobbys betreffen:
Frau Erika Noll berät Sie.
Rufen Sie an oder schreiben Sie eine E-Mail!

Telefon: 0 50 52 / 91 18 58*

*normale Telefongebühren

E-Mail: mail@kreativ-service.info

IMPRESSUM

FOTOS: frechverlag GmbH, 70499 Stuttgart; fotolia (Seite 11–52); Jinaika Jakuszeit (Arbeitsschrittfotos); lichtpunkt, Michael Ruder, Stuttgart (Fotos der Kosmetikrezepte)

PRODUKTMANAGEMENT: Katrin Hartmann

LEKTORAT: Susanne Dubbers, Beeke Heller

LAYOUT: Karoline Steidinger

DRUCK: Finidr s.r.o., Tschechische Republik

1. Auflage 2013

ISBN 978-3-7724-5840-8 • Best.-Nr. 5840